财政视角下的金融政策研究

CAIZHENG SHIJIAOXIA DE
JINRONG ZHENGCE
YANJIU

马洪范 著

中国财政经济出版社

目 录

导 论

正本清源话金融

金融不是一个新生事物。很多人一谈金融，言必称西方。实际上，我们中国人并不缺少金融智慧。从明末到晚清，以票号为主体的中国金融体系，已经可以汇通天下。此时，以英国、美国为首的工业化国家迅速崛起，现代金融组织快速成长。由于政治制度的腐败和落后，直接导致了我国在近代百余年被西方列强侵略与掠夺，中华民族跌入深重的苦难之中。读史，可以明志，也可以帮我们认清金融的本源。透过历史，可以更好地体悟金融的责任和使命。

一、伤于财政 毁于金融

胡雪岩（1823～1885年），是晚清的风云人物。笔者对胡雪岩的评价，可以归纳为八个字，“伤于财政，毁于金融”。他曾经不可一世，红极一时，但最后还是失败了。他不是败在金融上，而是败在财政上。他和左宗棠的关系非同一般，和曾国藩、李鸿章也交往颇深。晚清政府借的部分外债都是通过他来协商签约，打仗需要的部分军饷也通过他来筹集。胡雪岩在事业巅峰之际，建立了覆盖大半个中国的20多处票号，成为操纵江浙商业的一代霸主。

1882年，为了反对外国资本的压迫，他高价收购和囤积蚕丝，掀起一场中外大商战，但最后失败了。失败的结果，不是败给外国人，而是败给了自己人。他的金融谋略和具体手法，直到今天笔者都觉得不输于外国人，只是因为他不懂财政，招致彻底的崩塌。他在协助晚清政府借外债的过程中，犯了一个致命的错误：和外国人联手骗晚清政府的钱。本来借款利率9个点就可以，他给外国人说，我们定到18个点，另外9个点，你4.5，我4.5。为助左宗棠西征，胡雪岩先后6次向洋人借款，累计金额为1870万两白银，而利息至少占总数的一半，可以说是非常惊人的高利贷。

天下没有不透风的墙，最终，这个秘密传到慈禧太后的耳朵里，胡雪岩被革职查办。他的整个商业帝国、金融体系，包括个人生命、政治前途，很快就画上了一个句号。这是胡雪岩个人的悲剧，也是晚清帝国的悲剧，最终的结果是外国资本进一步操纵我们的商业、金融、财政乃至整个国家，中华民族滑入无底深渊之中。直到新中国建立之后，金融主权才重新收归中国人的手中。

金融从来都离不开财政，古今中外，概莫能外。只懂金融，不懂财政，受伤的往往是我们自己。

二、主权在我　科学决策

一个国家如何进行金融决策，笔者的理解仍然可以概括为八个字，“主权在我，科学决策”。一定要把金融主权牢牢掌握在我们自己手中，这是科学决策的先决条件和根本保障。从1840年起至新中国成立前，我国金融主权渐渐被西方列强夺走，在经历巨大牺牲和持续抗争之后，才重新收归我们手中。与百年前弥漫着硝烟的战争不同，我们今天正经历着一场没有硝烟的金融战争；与过去的明抢豪夺不同，现在换成了“暗偷智取”。

在革命年代，毛泽东主席对经济、金融、财政有着非常准确和科学的判断，可以概括为三条：第一条是“发展经济，保障供给”。这是毛主席反复讲，强调最多的一项政策。经济决定财政和金融，经济不行，财政金融就失去了源泉。第二条就是“打土豪、分田地”，这是结构性的分配政策，要控制在一定的限度内，如果超过一定的限度，社会就要动荡。虽然社会动荡对闹革命有利，但也要维持一定的稳定性。第三条是“不到万不得已，决不允许多印钞票”。印钞票，来钱快，但会形成通货膨胀，丢掉民心。

1949年蒋介石败退台湾，他的失败，不仅在军事，同时也在金融。国民党政府的法币改革，强行把老百姓的黄金收归政府，换成不值钱的金圆券，最终丢掉了民心，失去了政权。

今天，在全球一体化背景下，金融成为新时代的开路先锋，但紧随其后的仍然是坚船利炮。对此，我们绝不能掉以轻心。

金融政策决策的出发点，是服务本国民众，只有主权在我，才有可能形成科学的决策，应对各种国际国内挑战。

三、国家博弈 金融战略

国家的崛起，金融的力量不可或缺。1694年，英国成立英格兰银行，这是工业化经济体系下的第一家现代银行，也是中央银行体制的开创者。英格兰银行为英国的崛起并成为日不落帝国，包括财政制度、金融制度的现代化，立下了不朽的功绩。英国称霸全世界的年代，全球的金融中心就在伦敦。

自1895年以后，英国的霸主地位逐渐被美国取代。那一年，美国工业生产总值首次超过英国，成为全世界第一生产制造大国。但是直到1945年以后，美国才真正超过英国，用了整整半个世纪。这50年间，发生了两次世界大战，都是在美国以外的国土上，美国成为战争的最大受益者。借助于这种特殊的历史机缘，美国终于成长为世界第一强国。随后，在美国主导下，确立了美元世界货币体制，美元成为国际贸易的结算工具，成为各个国家的主要储备资产，美元战略构成了美国称霸全球的重要支柱。

当然，今天的美国正在一步一步走向衰弱，但是这个衰弱的过程无疑是缓慢的。2013年9月，我国工业生产总值首次超过美国，成为全世界第一制造大国。我们未来会不会超越美国，取决于我们能否成功地发展经济和推动社会全面进步。任何一个大国的崛起，不仅需要长期的积淀，而且还要经受各种复杂因素的制约和影响，成长之路上总是充满了艰辛和坎坷。金融不仅是推动经济社会发展的一个重要的工具，更是国家博弈和维护国家利益的战略支撑。

四、回归本源 超越周期

当前，全国上下都非常重视金融的应用。我们在欣赏金融业绩的同时，也要看到可能带来的风险。如何正确处理这个问题，笔者想到了八个字的历史经验，“回归本源，超越周期”。所谓周期，是客观规律的具体体现。只有明了事物的本源，才有可能跳出周期律的束缚。

美国经济史的周期性非常强，从18世纪中后期至今，康德拉耶夫60年长周期的特征异常鲜明①。无论是两次世界大战，还是现代信息技术革

① 纵观美国经济发展史，自18世纪末至今天，经历了4个60年长周期，分别是1790～1843年、1843～1896年、1896～1945年、1945～2007年。

命，都未改变60年定律。其实，在美国经济长周期中，还隐藏着小周期，即每20年爆发一次经济危机。最近的一次是次贷危机，始于2007年8月，之后迅速席卷欧洲和日本等世界主要金融市场。

美国在20世纪20年代开始进入了“房地产+汽车”的消费时代，福特生产的各种汽车，销向全国，风靡世界。与一般性的耐用电器消费不同，汽车和房地产消费拉动经济社会发展的持续时间比较长，大约60年兴盛期。在里根当总统的时候，美国“房地产+汽车”时代才落下帷幕。也就是说，该买房的人都已经买了，该买车的人也买了，那车房市场增长的新动力在哪里？美国人为了解决这个问题，发明了“次贷”金融工具。所谓“次贷”，肯定不是最优贷款，是针对低收入群体开发的金融产品，把银行的钱贷给原本买不起房子的家庭，肯定是冒着非常大的风险，但也只有这样，才把房地产危机延后了20年。

我们今天的情况与20世纪20年代的美国情况相似。当年的美国把大把的钞票借给世界头号强国英国，而且还常常受到英国的遏制打压，昨日英美之关系与今日美中之关系很像。1998年，我国拉开了“房地产+汽车”消费时代的帷幕，截至今天，才15年，距离60年的兴盛期还有很长的一段距离，笔者对这两个产业的未来及我国的中长期发展充满了信心。当然，我国房地产市场、汽车市场存在诸多亟待解决的问题，但大部分原因都在市场之外。我们是社会主义国家，政府的力量比较大，一定要想办法，也一定有办法，做得比美国更好，实现中华民族的伟大复兴。

五、固本强基　合作共赢

金融业改革与发展是一项伟大的事业。概括来讲，仍需要以八个字为指导思想，“固本强基，合作共赢”。一个国家金融业的健康发展，一定要认识清楚三个根本，处理好三个关系。

第一，金融是现代经济的核心，需要处理好“心”与“体”的关系。金融很重要，居于心脏的重要地位，却不能脱离整个有机体而存活。

第二，金融业处于“产业金字塔”的顶端，需要处理好“顶”与“基”的关系。金融业可以和任何一个产业联姻融合，只有将“塔顶”和“塔基”有机结合起来，才能够把金融工作真正做好。失去了“塔基”，再有魅力的“塔顶”也都是中看不中用的“空中楼阁”。

第三，金融政策是政府调控的重要工具，需要处理好政府与市场的关系。金融，政府可以用，市场也可以用，是连接政府与市场的桥梁和纽带。我们在运用金融工具的时候，政府一定要想到市场，而市场也可以结合政府的需求，最终形成一种合力。历史上很多金融改革和创新，最初的思路往往都是市场提出的。在面对比较大的风险时，金融机构非常欢迎政府组织增信等调控政策。只有政府与市场携起手来，实现合作共赢，才是真正的胜利。

现阶段，在改革开放第一个30年的历史成就基础之上，为赢得下一个30年“中国奇迹”第二季的早日到来，需要我们切实做好以下几方面金融工作：

第一，大力发展科技金融。目前很多地方都不重视科技金融，却大力发展房地产金融，财政收入对房地产业的依赖度高达40%，有些地区甚至达到60%以上。以史为鉴，从来没有依靠“盖房子”发展成世界强国的先例，倒是科技强国的例子数不胜数。因此，我们要减轻对房地产业的依赖度，培育技术发明型企业，发展新型科技公司，促进传统产业的科技进步与升级。

第二，高度重视文化金融。文化金融是用于文化事业改革和文化产业发展的金融扶持体系。我国近10年高度重视文化产业，文化产业是未来发展的方向，也是国家政策优先扶持的重点。但目前很多地方文化产业发展还很薄弱，借助于金融工具，将丰富的文化资源转换成真正的经济实力，是实现文化大发展大繁荣的重要途径。

第三，丰富中小微企业金融。中小微企业在一国国民经济中占据着重要的地位，为解决社会就业、增进市场活力发挥着积极的作用。为让中小微企业融资等金融服务有所改善，必须尊重市场规律，需要政府通过组织增信及中小微企业互助合作来拓展金融业务。

第四，建立健全农村金融。我们现在已经进入信息社会，农民投资渠道单一、金融机构为农民提供的服务有限等现象，在未来是有可能改变的，因为信息技术打破了区域和时空的限制，将迫使金融力量进入农村，倒逼金融改革。我国农村人口占比依然很高，完善农村金融任务艰巨，需要政府通过提供更优惠的政策和财政支持来推动发展。

第五，稳妥发展互联网金融和民营金融。互联网金融是新兴的金融业态，它具备很强大的生存力，可以为社会提供更便捷、低成本的金融服务，但必须加强监管和防范风险。此外，我国金融结构国有占比太大，民营金融占比过小，发展民营金融可以为小机构、小县城、小企业提供更好的金融服务，对深化金融改革具有很强的现实意义。

第六，建设法治化的政府债务金融。党的十八届三中全会明确规定，将有条件地允许地方政府发地方政府债券。可选的模式有两种：一是一般责任债券，以税收收入为担保，用于预算内的基本建设投资；二是市政债券，用于城乡基础设施建设，以对应的政府性基金或专项收入偿还。地方政府债券制度的建立，将赋予地方政府一个成本最低的融资工具，实现政府融资管理的法治化。

从根本上讲，金融业的未来，有赖于先进的理念、开阔的视野和前瞻性的战略，而这些都源自各类优秀金融人才的经验总结和智慧积累。笔者热切希望更多的人关注金融、研究金融，推动我国金融改革与发展进入一个新的更高境地。

第1章 中国近现代史上的金融政策

“金融”一词产生于近代，意指资金融通，包括货币、信用以及和货币、信用有关的各种经济活动。中国古代没有“金融”这个词，但有实实在在的金融业务活动。若以货币的产生为标准，我国的金融活动已有4000年的历史；若论金融机构的萌芽，可上溯至西周；但真正有了比较广泛的业务活动，则始于明清时代。尤其是在鸦片战争到新中国成立这100多年的时间里，中国金融经历了动荡与混乱、统一与发展。在从明末到1949年300多年的金融发展进程中，国家政策发挥了重要作用，既取得了显著的成效，也为我们积累了宝贵的经验教训。回顾与总结中国近现代史上国家金融政策及其经验教训，对于推进当代中国金融的改革与发展、制定与实施正确的金融政策，具有重大的理论价值与现实意义。

第一节　金融发展进程的历史回顾

从明末到1949年这段时期，在我国近现代史上具有极其特殊的重要地位。这期间，我国经历了封建社会的落日辉煌、西方列强入侵带来的混乱与动荡、为实现独立而进行的前赴后继的民族斗争。在这一复杂、艰难的时代背景下，中国金融既经历了重大波折，同时也实现了巨大发展。概括地讲，集中体现在以下几个方面：

一、旧式金融机构由盛而衰

钱铺和票号是旧式金融机构的典型代表。钱铺在明代开始产生，在清代成为当时的主要金融机构，相当于欧洲的银行，但因中国社会制度的落后最终未能发展成真正的银行，在外商银行入侵中国后，长期畸形发展，越来越依赖投机生意，最终失去了生存的基础。汇兑业务始于唐代，南宋时逐渐消失，明后期又重新兴起，在清代得到继续发展，并产生了以经营汇兑业务为主的票号，因多由山西商人开设，史称“山西票号”。票号在鸦片战争后发展到极盛，但在辛亥革命后逐渐衰败并最终消亡。

二、外商银行在华特权由小渐大，但最终被取缔

外商银行于1845年进入中国，有外商独办与中外合办两种形式，其在华势力得到不断扩张，并逐渐控制了进出口贸易，垄断了外汇；擅自在中国发行兑换券，开展存、放、汇等银行业务，控制中国金融；投资中国政府，控制中国财政。抗日战争胜利后，外商在华银行的势力发生了新的变化，日本、德国、意大利三国的银行被南京政府接收，英商银行的势力有所削弱，美国在华银行的发展特别迅速，南京政府统治区几乎成了美国的独占市场。新中国成立后，帝国主义在华银行的特权被彻底取缔。

三、中国现代银行业在曲折中前进

中国现代银行业诞生于1897年，随后大清银行以及一些地方银行相继成立。辛亥革命后，中国的商业银行得到了很大发展，形成了“北四行”和“南三行”等金融集团，[①] 农业金融、农业合作金融以及地方性银行取得一定程度的发展。南京政府建立后，重新设立了中央银行，改组了中国、交通两行，逐步实现了官僚资本的金融垄断，上海成为全国的金融中心，而民族资本金融业却趋于衰落。从总体上看，中国现代银行业经历了外商银行的挤压、传统金融机构对市场的争夺、国内阶级斗争及战争的影响，始终在起伏不定的曲折中发展。

四、人民革命力量的金融业由无到有，并最终掌握了全国金融

中国共产党领导下的合作金融机构始创于1924年，革命根据地的银

---

① “北四行”是盐业银行、金城银行、中南银行和大陆银行四家在北方著名的私营银行的合称，为中华民国时期北方金融集团之一。“南三行”是浙江兴业银行、浙江实业银行和上海商业储蓄银行的合称，三家银行都由江浙籍银行家投资创办和主持管理，并都以上海为基地，在经营上互相声援、互相支持，互兼董监，虽没有联营或集团的组织形式，但实际上收到联合经营的指臂相助的成效。

行和信用合作社最早于1928年创立,[①] 其后随着革命形势的变化而不断发展与壮大，始终贯彻执行党和政府的财政经济政策，支持生产，调剂金融，改善人民生活，冲破敌人的经济封锁，为巩固革命根据地红色政权和争取革命战争胜利服务。中国人民银行于1947年开始筹建，并于1948年12月正式成立，标志着解放区的银行和货币走向统一，并在边解放、边接管、边建行和边办业务的过程中使中国金融从混乱走向统一，从动荡走向稳定。

第二节 国家金融政策的内容及其成效

自明末到1949年，在我国金融发展与演变的背后，始终有来自国内与国外、政府与民间等多种力量在发挥作用，正是这几方面的合力决定了我国金融发生、发展及其演变的方向。但自始至终，国家金融政策的地位都极其重要且成效突出。在此期间，我国从明、清政府演变至北洋政府、南京政府以及同时期的革命根据地政府，整个社会性质也从封建社会步入半殖民地半封建社会，夹杂着资本主义一定程度的发展，通过新民主主义革命，最终创立了社会主义社会。不同阶段、不同政权在金融问题上持有的立场不同、采取的政策不同、政策的成效也存在明显的差异。归纳起来，这一历史时期国家金融政策及其成效突出表现在以下几方面：

一、明、清政府的重本轻末政策、“觅商汇兑”政策、封建压榨政策

明清政府长期实行重本轻末政策延缓了钱铺、票号等新型金融机构的发展；清同治元年开始实行的“觅商汇兑”政策一定程度上促进了票号的快速发展；而长期实行的封建压榨政策又极其不利于票号的进一步发

① 第二次国内革命战争时期，由于敌人的分割封锁，中央苏区、湘鄂西、海陆丰、鄂豫皖、闽浙赣、湘鄂赣、湘赣、川陕、陕甘等革命根据地都建立有各自的银行。建立银行最早的是海陆丰根据地，1928年2月20日海丰县苏维埃人民委员会颁发第四号命令，建立劳动银行，使工农贫民在革命过程中有借贷机关，得以从事生产，发展社会经济。1931年11月，中央苏区的第一次全国工农兵代表大会规定：实行统一币制，帮助劳苦群众，开办工农银行。中华苏维埃共和国临时中央政府成立后的第一次执委会议上决定建立中华苏维埃共和国国家银行。1932年2月1日正式开业，毛泽民任行长，下设业务、总务两处。

展，最终导致了票号的衰败与消亡。

（一）重本轻末政策

钱铺、票号等新型金融机构在明清时代产生，是商品经济发展的客观要求，也是我国社会发展到一定阶段的必然产物。然而，在封建社会条件下，明清政府为了其统治的长治久安，基本上都采用了重本轻末的政策，提倡和奖励农业劳动者，抑制和贱视工商业者，其中的“商”较之“工”更在抑制之列。直到1894年中日甲午战争以后，中国封建王朝才实现向“农工商皆本”与“大力振兴工商”的转变。

（二）“觅商汇兑”政策

票号的发展与壮大，改进与完善了货币清算方式，促进了商品经济的发展，显然也有利于国家的财政收支管理。然而，清政府始终坚持上解中央的“京饷”与下拨地方的“协饷”全部官解官交，不许商人插手。直到太平天国后期，农民战争截断了清政府财政来源的南北通道，才转而实施“觅商汇兑”政策，[①] 即请票号汇兑京饷、协饷。此后，票号开始大量吸收公款存储，为各省借垫京饷、协饷，为清政府汇兑、抵还外债，代理部分省关的财政金库。甲午战争后，票号与清王朝之间的关系更是“如胶似漆”，清政府对票号的依赖进一步加重，票号也成为清政府晚期的重要财政工具。

（三）封建压榨政策

自太平天国后期始，尽管票号与清政府建立起密切的关系，但清政府依然实行着残酷的封建压榨政策，主要表现在：清政府动辄就要票号捐输报效，不时地禁止官款汇兑，一遇倒账[②]首先考虑外国银行及大清银行，对票号落井下石等，使票号对清政府由原来的希望依附心理转变为怀疑与恐惧。所以，当赫赫有名的直隶总督袁世凯创办天津官银号时邀请票号入股，被票号拒绝；户部开办户部银行时，希望票号入股或派人组织，也为

---

① 史若民：《票商兴衰史》，中国经济出版社1998年版，p167。

② 所谓倒账，旧指商店因亏欠款项无法偿还而倒闭，也指收不回来的账，通常是由持续的收支不平衡所导致的。

票号所不允许。[①] 这里固然有票号总经理们思想保守的因素，但更为重要的则是票号对封建压榨政策存有疑虑、对清政府不敢信任。

（四）政策成效

总的来讲，第一，明清政府长期推行的重本轻末政策及封建压榨政策，严重制约了钱铺、票号等新型金融机构的健康发展。

第二，"觅商汇兑"政策一定程度上促进了票号的快速发展，扩大了其资本实力、放贷规模、业务经营地域及范围，使票号获利颇丰。

第三，"觅商汇兑"政策又使票号过分倚重与政府有关的金融业务、轻视商业金融业务，逐渐丧失了生存与发展的土壤与根基。在外商银行的压榨下，在清政府崩溃之后，票号也必然快速地衰败与消亡了。

二、清政府、北洋政府和南京政府对外商银行的退让与依附政策

对于外商银行的进入及其在华势力的扩张，清政府、北洋政府和南京政府普遍采取了退让与依附政策，使外商银行很容易地掌握了中国金融市场的领导权，并成为西方列强肆意侵略与掠夺中国的重要工具。

（一）19世纪70年代前的退让政策

明清以后，我国与西方国家相比明显落后了。西方列强用武力粉碎了我国的闭关锁国政策，打开我国对外开放的大门。随着帝国主义对华商品输出的需要，金融资本开始进入中国，一开始由洋行代理，后又于1845年成立了第一家外商银行，通过与清政府签署不平等条约获得了在华特权，垄断国际汇兑业务，吸收存款，发行纸币。对此，软弱的清政府无力抵制外商银行的入侵，一直采取退让政策。52年后，清政府才筹建首家官督商办商业银行，以抵制外商银行的"挟持"。

（二）19世纪70年代后的退让加依附政策

在清政府采取退让政策的同时，出于军事、政治需要在19世纪70年代后开始实行对外商银行的退让加依附政策，向外商银行乞求贷款。如呵加剌银行在1862年曾两次向清政府提供平银为49.6万余两的贷款。[②] 此

---

① 史若民：《票商兴衰史》，中国经济出版社1998年版，p373。

② 张国辉：《中国金融通史》（第二卷），中国金融出版社2003年版，p240。

外，为兴办洋务企业，清政府也曾向外商银行和洋行借过外债。从有关统计记载来看，从1881年到甲午战争前的15年间，清政府共举借了22笔外债，总额高达27530174两，其中18笔由英国资本提供。① 更为严重的是，19世纪90年代到20世纪初，外商银行在中国展开了对华贷款的竞争，都把对华贷款作为划分和抢夺在华势力范围的手段，并为其本国的资本输出钻营门路。

此后，北洋政府继续实行退让加依附政策，向外商银行乞求贷款成为其筹集财政资金的重要手段。而且，不同军阀势力依附不同的外商银行，使中国社会更加趋于分裂。南京政府成立后，尽管中央权力得到强化及金融管理取得一些进步，但退让与依附政策总体上没有变动。

（三）政策成效

清政府、北洋政府和南京政府对外商银行在华势力的扩张采取退让与依附政策，给中国带来了深重的灾难。

第一，使外商银行轻而易举地垄断了国际汇兑业务，操纵着中国的外汇市场。

第二，外商银行通过对钱庄的渗入逐渐控制了中国内地的金融，进而染指中国国内汇兑市场，使国内传统金融业成为外商银行的附庸，减弱了自身独立发展的能力。

第三，外商银行对新生的民族银行业进行抵制与打压，延缓了中国民族银行业的产生及健康发展。

第四，外商银行不断制造金融恐慌，最终掌握了中国金融市场的领导权，成为西方列强侵略、掠夺中国的重要工具。

第五，外商银行通过向地方政治势力贷款等方式，收买与扶植军阀势力，使中国社会日益动荡与混乱。

三、晚清政府与北洋政府实行有利于民族银行业自由发展的政策

在实行对外商银行的退让与依附政策的同时，晚清政府与北洋政府在中国民族银行业问题上采取了有利于民族银行业自由发展的政策，使商办、官办银行业得到一定程度的发展，成为抵制外商银行入侵的重要力量，同时也成为满足国家财政需要的有力工具。

---

① 张国辉：《中国金融通史》（第二卷），中国金融出版社2003年版，p245。

（一）晚清政府支持民族银行业自由发展的政策

19 世纪 70 年代到 90 年代前期，关于对金融业活动上的某些探索和要求创立新式银行的各种讨论，为民族银行业的产生创造了思想上和实践上的准备。甲午战争战败与《马关条约》的签订，激起了社会各阶层的强烈反响，有力地促进了中国民族银行业的及时兴起。自 1897 年中国第一家商业银行诞生之日起，虽然受到了清政府保守势力的阻挠，但晚清政府一定程度上实行了支持民族银行业自由发展的政策。比如，在创办中国通商银行及其业务经营等问题上，清政府给予民族商业银行一定的自由发展空间，使得中国通商银行既没有脱离清政府的庇护，同时又避免了清政府的控制，获得了相对自主经营与发展的空间。① 在此后至辛亥革命的十几年间，又有 9 家中小型规模的商办银行成立，但发展速度一直较为缓慢。

（二）北洋政府实行有利于民族银行业自由发展的政策

北洋政府在中国民族银行业问题上也实施了有利于民族银行业自由发展的政策，使民族银行业受政府干预较少，自主性较强，发展比较自由。因此，北洋政府时期成为中国民族银行业快速发展的一个重要历史时期。期间，民族银行家的数目增加、规模扩大，出现了一批经营有实效、不断创新、信誉日增的银行，形成了华资银行同外商银行、传统钱庄三足鼎立之势。譬如 1926 年与 1918 年相比，主要华资银行总的实力已有数倍的增长，1926 年主要华资银行的总实力是 1918 年的 3.5 倍。而且，在所有华资银行中，绝大多数是私人经营的商业银行。②

（三）晚清政府与北洋政府官办银行金融业务的财政化政策

在支持商办银行业发展的同时，晚清政府与北洋政府都很重视发展官办银行以及官商合办银行。比如，1905 年成立了户部银行，一年后改名为大清银行，1908 年成立了交通银行，它们都具有代理国家发行纸币、经理国库业务和公款收付、代理国债和各种证券等权责。北洋政府时期，中国、交通两银行进一步成为主要为政府财政服务的金融工具，不仅替政

---

① 张国辉：《中国金融通史》（第二卷），中国金融出版社 2003 年版，p328。

② 杜恂诚：《中国金融通史》（第三卷），中国金融出版社 2003 年版，p142。

府经理公债，而且还要直接借款给政府，取得一些成效，由此也形成巨大危机。随着中央政权的削弱和官办银行股权的变化，中、交两行逐步实现了由国家银行向商业银行的转化。

（四）政策成效

晚清与北洋政府在中国民族银行业问题上采取了有利于其自由发展的政策，取得一定成效。

第一，有力地推动了我国民族银行业的产生与发展，在银行数量、规模、地域分布、经营业务等多方面取得相当明显的进步，形成一股同外商银行竞争的新生力量。

第二，官办银行的产生一定程度上满足了国家的财政需要，客观上减少了政府对外商银行的依附程度。

第三，民族银行业的兴起直接推动了民族工业的发展，使贸易与金融更加密切的联系起来，有力地促进了中国经济的发展与完善。

第四，培养了一批懂技术、懂专业、熟悉国际业务、掌握英语的银行管理人才。

四、南京政府的金融垄断政策、对民族资本金融业的压制政策以及法币政策

南京政府成立后，一方面推行官僚资本的金融垄断政策，对民族资本金融业采取了压制政策；另一方面还实行通过发行纸币筹集财政资金的政策，严重扭曲了中国民族银行业的发展。

（一）官僚资本的金融垄断政策

南京政府成立后，建立和发展了中央银行，改组了中国、交通两行，成立了中国农民银行，创办了中央信托局和邮政储金汇业局，建立了“四行二局”的官僚资本金融垄断体系。抗日战争期间，南京政府又进一步加强了金融垄断，颁布法令规定中央、中国、交通、农民四行合组联合办事处，负责办理战时金融政策有关特种业务。

（二）对民族资本金融业的压制政策

在建立和发展“四行二局”金融体系的同时，南京政府还对商办银行采取了压制政策，逐步加强对商办银行的控制。比如，1929 年南京政

府强行接管了刚成立不久的中国国货银行，使其成为孔、宋家族所控制的商业银行。①

此外，南京政府还通过颁布《银行法》、《储蓄银行法》，企图限制民族资本金融势力，因受到强烈反对最终没有执行。1934～1935年的金融危机为南京政府加强对商办银行的控制提供了机会，改组了中国通商银行、中国实业银行和四明商业储蓄银行，对这几家商业银行的人事作了调整。同时，还将许多全国性及地区性商办银行、地方性官办银行逐步演变为南京政府控制下的金融机构。抗日战争开始后，南京政府进一步加强了对商办银行的监督和检查，限制新商办银行的成立，使商办银行动辄得咎。抗战胜利后，南京政府颁布了新《银行法》，但它仅适用于商办银行，而且管制过于严格。

（三）法币政策

1934～1935年的金融危机是西方列强转嫁金融危机的直接后果，南京政府于1935年11月实行法币政策，规定中央、中国、交通三行所发之钞票为法币，实行通货贬值政策，扩大纸币发行量，继而又使其成为弥补财政赤字的工具。同时，还规定白银国有以及中央、中国、交通三行无限制买卖外汇两项政策，使南京政府收兑、集中了大量的白银，使法币对外汇价处于稳定状态。

抗日战争时期，财政赤字更为严重，由于增税和募债的作用有限，南京政府主要通过发行纸币筹集财政资金，最终形成恶性通货膨胀。新中国成立前夕，法币进入崩溃阶段，发行额越来越大，流通范围越来越小，遭到了人民的拒用。法币陷于崩溃时，南京政府又发行了金圆券，企图将民间的金银外币一网打尽，但很快也崩溃了。

（四）政策成效

第一，官僚资本的金融垄断政策极大地强化了官僚资本的金融势力。以存款为例，1943年官僚资本银行的存款总额占全国银行存款总额的90%。②

第二，对民族资本金融业的压制政策，使不少民族资本金融业纳入南

① 叶世昌等：《中国古近代金融史》，复旦大学出版社2001年版，p323。

② 本书编写组：《上海金融史话》，上海人民出版社1978年版，p158。

京政府控制之中，成为南京政府垄断金融的重要基础，强化了官僚资本的金融垄断势力。同时，也极大地削弱了民族资本金融业，使民族资本金融业根本不可能走上正常发展的轨道。在正常业务难以维持的情况下，于是就更加从投机中找出路，直接导致了民族资本金融业的衰落。

第三，1935 年实行的法币政策使中国摆脱了 1934 ~ 1935 年的金融危机，符合世界币制发展的潮流，而且客观上也为抗日战争做好了币制上的准备，这是其积极作用。就消极面而言，由于南京政府把发行纸币作为筹集财政资金的主要手段，残酷掠夺人民财富，导致恶性通货膨胀，物价疯狂上涨，使法币丧失了货币的基本功能，城市的流通手段日益为银元、美元、港币所替代，农村中甚至以谷米和棉纱等商品作为计价单位或流通手段，豪门贵族的大量资金纷纷移往香港或外国，加速了南京政府的灭亡。

五、革命根据地政府的独立自主的金融发展政策、极端审慎的货币发行政策以及严格的金融管理政策

金融是革命的重要手段和工具，一直受到革命根据地政府的重视。革命战争时期，各革命根据地政府严格贯彻执行独立自主的金融发展政策、极端审慎的货币发行政策以及严格的金融管理政策，为人民革命事业的最终胜利奠定了坚实的经济基础。

（一）独立自主的金融发展政策

无论是北伐战争中成立的农民银行，还是在苏区成立的国家银行，包括解放战争时期成立的边区银行，都始终坚持实行独立自主的金融发展政策，制止和打击高利贷行为，发行货币，吸收存款，发放贷款，鼓励节约，活跃地方金融，发展生产与社会经济，改进人民生活，冲破敌人封锁，为工农服务，为革命服务。此外，有些银行还承担了代理国库、公债发行及还本付息任务。

（二）极端审慎的货币发行政策

在特殊的战争时期，货币发行不仅仅是个金融问题，往往成为筹集财政资金的重要手段。但是，依靠大量发行货币筹集财政资金，会恶化社会经济形势，严重损害人民群众的生活和利益。对此，各革命根据地政府严格执行审慎的货币发行政策，主要通过发展经济解决财政困难，除少数特

殊情况外，始终坚持按照根据地经济建设的需要合理确定货币发行量。①

（三）严格的金融管理政策

在金融管理上，革命根据地政府一直执行严格的管理政策，主要体现在对私营银钱业的管理、外汇管理、金银管理以及打击投机等方面。② 为防止私营银钱业的投机活动，人民政府对它们实行了严格的管理政策，对其业务范围、资本金、资金运用及存款准备金等方面做出了明确规定，将其纳入合法经营的轨道。同时，还对私营银钱业的资金进行疏导，为其资金打开出路；通过金融同业工会加强对市场利率的管理，以利于金融业务的正常开展。

此外，在已解放的地区实行了集中统一的外汇垄断政策，把外商银行的业务活动完全置于人民政府的监督管理之下；在金银管理上，一向采取严格的管理政策，限制金银流向解放区外，以保护解放区的经济利益，为革命战争筹集资金；为稳定金融市场，采取严厉措施查封投机市场的证券大楼，取缔投机场所，打击非法投机。

（四）政策成效

第一，实行独立自主的金融发展政策，使革命根据地的金融业从无到有，从小到大，由弱到强，为统一全国金融以及全国革命的胜利奠定了坚实的基础。独立自主地发展金融，还是抵抗外国金融资本入侵的唯一正确路径，避免了走退让与依附政策所带来的民族悲剧。

其次，执行极端审慎的货币发行政策，将国民经济发展的需要放在首位，将财政需要放在次要的地位，更好地处理了财政与金融之间的关系，避免恶性通货膨胀的发生，维护广大人民群众的利益，树立良好、负责的人民政府形象，为革命取得最终胜利做出巨大贡献。

最后，实行严格的金融管理政策，正确处理人民政府银行同传统金融业之间的关系，充分发挥私营银钱业的积极性，避免其消极作用。在严格管理金融的同时，还尝试了金融宏观调控，积累了一些有益经验。最为重要的是，随着人民政府金融业的完善与壮大，最终将外商银行控制在人民政府管理监督之下，彻底取缔其在华特权，洗刷了中华民族的百年耻辱。

---

① 叶世昌等：《中国古近代金融史》，复旦大学出版社 2001 年版，p356。

② 叶世昌等：《中国古近代金融史》，复旦大学出版社 2001 年版，p421。

第三节　经验和教训

从我国近现代史上看，国家政策自始至终发挥着重要的历史作用，既取得了一定成效，也为我们提供了深刻的经验教训。总结这些经验教训，对于推进当代中国金融的改革与发展、制定与实施正确的金融政策，具有重大的意义。

一、金融是维护国家政权的重要工具

国家金融政策决定一国金融的发展，健全、强大的金融是维护国家政权的重要保障，而扭曲、弱小的金融实际上连国家主权都无力保障，国家政权更是岌岌可危。

明清政府长期实行重本轻末政策与封建压榨政策，只有在迫不得已的情况下才做出有限让步，严重阻碍了我国金融业的健康发展，同时也无力对抗外国金融资本的入侵。南京政府长期实行金融垄断及压制政策，结果严重扭曲了金融业的健康发展，加速了南京政府的彻底垮台。北洋政府时期，我国民族金融业受政府干预较少，发展比较自由，结果形成了华资银行同外商银行、传统钱庄三足鼎立之势。革命根据地实行了正确的金融政策，金融业得到不断壮大，有力地促进了革命根据地的经济发展，维护了革命政权的生存与发展，为最终统一全中国奠定了坚实基础。

二、先进的经济思想是推进金融发展的重要前提

自明末到1949年的中国金融发展历程充满了艰辛和屈辱、曲折和抗争，但在总体上也取得了巨大的进步。然而，中国现代金融业的每一点进步都以解放思想与树立先进理念为前提。好的金融政策更是源于好的经济思想，并对经济发展与金融运行具有决定性的作用。

中国现代银行业的诞生，建立在“重本轻末”转变为“农工商皆本”的基础上，建立在全民族认识到“实业兴国”的重要性的基础上。一旦认识并树立起这些先进的思想理念，它便立刻化成进行实践创新的具体口号与政策方针，不断推进中国现代金融业的发生、发展与壮大。

南京政府时期，由于强化了中央集权，引进了外资金融业的先进管理

理念与方法，中国现代金融业在扭曲中也实现了进一步发展，金融体系设置、业务经营管理、监督检查管理都呈现出明显进步。

中国共产党诞生后，选择了最为先进的思想理念和独立自主的金融政策，具有真正意义上的科学性与革命性，具备自我发展与自我完善的能力，促进了革命根据地的经济发展，随着全国革命取得胜利，最终统一、掌握了全国金融。

三、独立自主是发展本国金融与制定金融政策的根本原则

能否做到独立自主，是革命根据地政府与晚清、北洋及南京政府之间存在巨大差异最为明显的一个标志，也是为什么晚清、北洋及南京政府相继倒台的根本原因。

对外商银行的退让与依附政策、对民族银行的压榨与剥削政策，严重阻碍了旧中国金融的健康发展。而革命根据地政府坚持实行独立自主的金融政策，使革命根据地政府的金融业得到较好的发展，为解放全中国提供了经济支持。因此，无论何时何地，独立自主都是发展本国金融与制定金融政策的根本原则。

四、国家要有足够实力控制本国金融

外国金融资本之所以要进入别的国家，主要是为了寻求发展的空间与获取更大利润的机会。一旦外国金融资本进入，就一定会使国内金融形势复杂化。这里主要有两种结果：要么国内金融资本成为外国金融资本的附属，要么外国金融资本成为本国金融资本的附属。我国的历史经验表明，外国金融资本长期成为我国金融的主宰。对此，明清、北洋及南京政府都曾反抗，但终因立场不坚定、力量薄弱而归于失败。

毫无疑问，国家应该有足够实力控制本国金融。但只有在中国共产党的领导下，才真正具有实现这一目的的可能。控制本国金融所需要的力量不单单源于经济实力、军事实力，更重要的来自国家及政府的正确领导、人民大众的理解和支持以及与外资金融资本进行扎实、有效的斗争等所形成的合力。只有这样，才能将外国金融资本始终控制在附属地位上，避免外国金融资本进入所带来的不利影响。

五、协调好金融与财政的关系

金融与财政不仅仅是一个国家的经济问题，而且都与政治以及整个社

会存在着密切的联系。正是这一点，决定了金融、财政的重要性。然而，财政与金融问题既有区别、又有联系，协调不好两者的关系，将对经济、政治以及整个社会带来深刻的影响。

新中国成立之前的所有政府都没能处理好这个问题。晚清及北洋政府都把银行视为解决财政问题的工具，南京政府则把发行纸币当作筹集财政资金的主要工具，不仅扭曲了金融体系的功能，而且给人民带来了深重的灾难。恰恰相反，革命根据地政府为我们提供了宝贵的经验财富，那就是要执行极端审慎的货币发行政策，将国民经济发展的需要放在首位，将财政需要放在次要的地位，充分发挥了财政、金融两种政策的合力。

六、正确处理官办与民办金融机构之间的关系

1897 年后，中国现代金融业可以划分为官方资本与民商资本两大类，官办金融机构与民办金融机构、官商与民商的关系得当，可促进金融业、经济乃至政治的健康发展。否则，就会起到相反的作用。

与南京政府相比，晚清政府和北洋政府处理两者之间的关系较为恰当，不仅创立与发展了官方资本金融业，而且极大地促进了民族资本金融业的发展。而南京政府则没有处理好两者之间的关系，官僚金融资本一手遮天，民族金融资本逐渐衰落，国家经济及社会发展受到严重摧残。

总结我国的历史经验，我们可以发现：民商在金融发展中具有基础性地位及作用，在没有民商的情况下，官商也不可能健康发展。不论是在业务经营方面，还是在职能范围方面，都需要在两者之间建立起良好的竞争与合作关系。国家既要推动与扶持官商的发展，也要给民商一定的发展机会及空间。

第 2 章

我国政策性金融体系的改革与发展

改革开放以来，尤其是邓小平“南巡”讲话和党的十四大以来，我国政策性金融体系得到了快速发展，政策性银行、担保等机构相继设立，城市建设投资公司债券（城投债）的不断壮大，基础设施建设特许权授予融资方式的出现与推广，大大增强了政府政策性融资能力，既取得了显著成效，也积累了诸多亟待解决的问题。

第一节　政策性金融的发展历程

一、政策性银行体系的发展历程

政策性银行是我国政策性金融体系中的重要组成部分之一。目前，无论从资产规模，还是从影响力来看，政策性银行都居于主导地位，从一定程度上讲，它们的发展历程能够体现出我国政策性金融体系的进展、经验与问题。1994 年，根据党的十四届三中全会精神，为适应社会主义市场经济体制的要求，继续深化金融体制改革，增强国家对固定资产投资的宏观管理，扶持农村经济发展，促进国家对外贸易的持续、快速、健康发展，政府决定组建政策性金融机构。《国务院关于金融体制改革的决定》中指出：“建立政策性银行的目的是，实现政策性金融与商业性金融的分离，以解决国有专业银行身兼二任的问题，割断政策性贷款与基础货币的直接联系，确保人民银行调控货币的主动权。”正是在这样的背景下，三家政策性银行相继成立。

（一）国家开发银行

国家开发银行成立于 1994 年 3 月 7 日，是一家以国家重点建设为主要投融资对象的政策性银行。除了财政拨付的资本金之外，国家开发银行的资金来源主要是通过发行财政担保债券和由金融机构认购金融债券筹措。

自 1994 ~ 1997 年 4 年间，国家开发银行集中资金支持基础设施、基础产业和支柱产业大中型基本建设（“两基一支”），通过对在建项目资金总量和投向的限制贯彻国家的宏观调控政策。这一阶段，国家开发银行的运作以政策性目标为主，运营效率低下，亏损严重，增加了财政负担，在一定程度上影响了国家开发银行的可持续发展。截至 1997 年底，国家开发银行不良贷款率达 32.63%。

1998 年以后，国家开发银行开始从政策性金融向开发性金融的转型，加快了市场化的步伐，贷款对象的选择和经营机制日益市场化，开始注重追求市场业绩，完善各项制度建设。经过努力，国家开发银行的经营运作完全纳入市场化轨道，以此为标志，国家开发银行也完成了基础制度建设的任务。2008 年，国家开发银行在获得中央汇金公司 200 亿美元的注资后，其商业化转型步入一个崭新阶段，国家开发银行的商业化、机构化、投行化、国际化特征日益显著。

（二）中国进出口银行

中国进出口银行成立于 1994 年 7 月 1 日，作为贯彻国家外贸政策的政策性银行，中国进出口银行为扩大我国机电产品、成套设备和高新技术产品进出口，推动有比较优势的企业开展对外承包工程和境外投资，促进对外关系发展和国际经贸合作，提供政策性金融支持。其资金来源除国家划拨资金外，主要以财政专项资金和金融债券为主，其业务活动由有关部门组成监事会进行监督。

从 1994 年到 1998 年，中国进出口银行的主要任务是扩大出口和引进外资，开办了出口信贷、援外优惠贷款、对外承包工程贷款、加工贸易贷款、外国政府转贷等业务。在这一阶段，进出口银行对优化出口商品结构、提高利用外国政府贷款水平和推进援外工作给予了有力的金融支持。

从 1999 年到 2005 年，此时正值我国加入 WTO 前夕到加入之后的过渡期，中国进出口银行坚持“引进来”和“走出去”相结合的对外开放战略，支持国内企业走出国门，参与国际合作与竞争，积极配合国家的外交方针政策。随着业务范围的扩大，中国进出口银行为了适应业务发展需要，加快设立营业性分支机构和对外代表处，实行了经营方式由主要以商业银行代理为主到自营为主的重大转变。2005 年以后，我国进入由贸易大国向贸易强国转变的新时期，中国进出口银行开始战略转型，加快了向国际经济合作银行迈进。

（三）农业发展银行

农业发展银行成立于 1994 年 11 月 18 日，主要承担国家粮棉油储备和农副产品合同收购、农业开发等业务中的政策性贷款、代理财政支农资金的拨付及监督使用。资金来源除财政核拨资金外，主要面向金融机构发行金融债券，并使用农业政策性贷款企业的存款。

自成立到 1998 年，按照国家法律、法规和方针、政策，以国家信用为基础，办理农业政策性金融业务，代理财政支农资金的拨付，为农业和农村经济发展服务。贷款范围包括办理粮、棉、油料、猪肉、食糖等主要农副产品的国家专项贷款；粮棉油等农副产品收购、调销、批发贷款；粮、油加工企业的贷款；扶贫贴息贷款；小型农、林、牧、水利基本建设和技术改造贷款等业务。

从 1998 年 3 月至今，为适应粮食流通体制改革需要，国务院决定将农业发展银行承担的农业综合开发、扶贫以及粮棉油加工企业和副营业务贷款等职能划拨给中国农业银行，主要业务转变为对粮、棉、油等主要农产品收购资金实行封闭管理。

二、政策性担保机构的发展历程

政策性担保机构是指政府及其部门全资或控股设立，以贯彻国家政策意图为价值追求目标，不以盈利为目的，以市场化运作方式为中小企业提供信用担保服务的专业化担保机构。由于市场在配置资源的过程中会出现市场失灵的情况，如中小企业由于资产规模小，市场占有率小，在资源配置能力上明显处于弱势地位，特别是信用资产缺乏，致使其获得金融支持的能力减弱。因而在市场调节基础上，充分利用财政政策调控职能是优化资源配置的重要方式。政府及其相关部门设立信用担保机构，在市场调节失灵下投入信用资源，政策性担保服务明显不同于政府无偿补贴、拨款，政策性信用担保资源是选项支持，有偿使用，保证偿还，代偿追偿，具有公共品性质（充当公共保证人，弥补中小企业抵质押品的不足）、充分发挥信用担保杠杆功能，执行有保有控的产业政策调节功能。政策性担保机构的资金来源由政府出资或以政府出资为主，担保业务承担着政府的产业政策职能。由于政策性担保机构有政府信用作支持，其增信能力容易得到信用使用方（贷款方）的认可，政府通过投入少量的资本金，可以撬动金额较大的担保产品，缓解资金使用方的融资瓶颈问题。

（一）政策性担保行业的起步和探索

1993 年 11 月中国第一家全国性专业信用担保机构——中国经济技术投资担保有限公司的诞生标志着中国担保业起步和探索的开始。1995 年前后，国内一些地区开始陆续建立专门的信用担保机构。在原国家科委的支持推动下，深圳、西安等城市的科技部门或高新技术开发区建立了主要服务于高新技术成果转化的投资担保机构，以及主要为出资企业提供贷款担保服务的信用担保互助基金。此后，还陆续出现了一些由当地政府出资成立的主要为当地经济建设提供融资服务的担保机构和由工商联等方面牵线设立的小企业互助担保机构。

在这一阶段，政策性担保机构主要是服务于高新科技成果的转化，为企业提供贷款信用担保等。担保机构由政府设立，机构数量和业务品种都很少，从严格意义上来说还不能算是一个行业。

（二）中小企业信用担保的迅速发展

从 1998 年开始，江苏镇江、山东济南、安徽铜陵等地市探索采取设立担保资金和组建独立担保机构的方式，帮助中小企业解决融资难特别是贷款难的问题。以此为契机，中国的政策性担保行业迅速发展。1998 年 7 月中国经济技术投资担保有限公司向国务院等有关部门提交了《关于深化投融资体制改革，建立信用担保体系的思考》，提出建立信用担保体系的议题。同年 10 月，全国推动中小企业发展工作领导小组确定将解决中小企业“融资难、担保难”问题作为推动中小企业发展工作的突破口。同年 12 月，全国经贸工作会议决定着手组织开展全国中小企业信用担保体系建设试点，随后在镇江、济南、北京等地陆续开展试点，标志着中小企业担保探索的开始。1999 年 4 月，原国家经贸委在广泛调研的基础上，向国务院提交了《关于当前中小企业信用担保体系试点情况报告》。之后，相关部委陆续颁布了一系列法规和政策，使得中小企业信用担保体系建设有了初步依据和政策指导支持，由试点探索进入了依法规范的新阶段。

这一阶段的政策性担保业仍处在一个对担保行业认识相对狭隘的发展阶段，担保的品种仍相对单一。很多人误认为政策性担保业的主体甚至全部就是为中小企业融资担保，对政策性担保业的功能和作用认识有一定的局限性。这一阶段的担保内涵，仍停留在“小担保”的地步，即以中小企业信用担保为主的几个品种上。

（三）政策性担保行业品种的丰富和业务的转型

由于政府资金的有限性和政策性担保体系资金补充机制和运作机制的不完善，使得原有从事政策性担保业务的部分担保机构缺少稳定的资金来源，迫使他们为了自身的生存发展而逐步涉及商业性担保业务领域、开发新的担保品种。同时，随着担保业和国外同行交流的增多，中国担保行业自身也在不断学习和进步，引进了一些新的业务品种和业务技术，如工程担保、住房置业担保、个人信用担保、下岗职工小额担保等。

相比以前两个阶段，这一阶段社会各界对政策性担保的认识有了明显的提高，担保的内容和范围也开始拓展到“大担保”的格局；同时，政策性担保机构为了拓展资金来源和生存发展需要，开始逐步涉及商业性担保业务范围。

三、城投债融资的发展历程

城投债，即城市建设投资公司债券，其发行主体一般是由某城市国资委100%控股的城市建设投资公司，为配合当地政府进行市政基础设施建设而发行的企业债券，但其最终信用主体是地方政府。城投债是地方政府融资平台①最得心应手的工具。以城市建设投资为名的融资平台遍地开花，级别由省、市复制到县，行业从城市建设、交通延展到新能源等领域，规模由小到大。

① 地方政府融资平台是指地方政府发起设立，通过划拨土地、股权等资产，组成一个资产和现金流都可达到融资标准的公司，必要时辅之以财政补贴作为还款承诺，承接各路资金主要用于地方政府基础设施建设。

（一）城投债的起源

城投债起源于上海。1992 年，为支持浦东新区建设，中央决定给予上海方面的配套资金筹措方式，其中之一是 1992～1995 年每年发行 5 亿元的浦东新区建设债券。1992 年，浦东新区发行了规模 5 亿元的第一只城投债。

（二）城投债的发展

1999 年 5 月，济南市自来水公司发行 1.5 亿元供水建设债券，为城市供水调蓄水库工程筹款。1999 年 9 月长沙市二环线建设，开发有限公司发行 1.8 亿元债券。这种做法迅速普及更多地方政府，比如河北省邯郸市通过举债进行城市基础设施建设。1999 年，城市基础设施投资额为 3.25 亿元，占 GDP 的 2.3%，其中，举债 1.5 亿元，占投资总额的 46.4%。各地通过举债建设，加快了城市基础设施建设步伐。

2005 年后，地方企业债的启动使城投债发展步入一个新的阶段，城投债成为企业债券的重要品种。2008 年城投类企业债共发行 720 亿元，占企业债发行总额的 30.4%。2009 年，为应对国际金融危机冲击，中国实施适度宽松货币政策和积极财政政策，地方政府基础设施建设资金需求巨大。在此背景下，中国人民银行联合中国银监会发布《关于进一步加强信贷结构调整促进国民经济平稳较快发展的指导意见》，提出“支持有条件的地方政府组建投融资平台，发行企业债、中期票据等融资工具”。与此同时，企业债发行制度由“批准制”变为“核准制”，债券增信方式创新在 2009 年度被广泛应用并进一步深化。随后，城投债进入快速增长的新阶段。

四、基础设施建设特许权授予融资的发展历程

BOT（Build—Operate—Transfer）即建设—经营—转让，是指政府通过契约授予私营企业（包括外国企业）以一定期限的特许专营权，许可其融资建设和经营特定的公用基础设施，并准许其通过向用户收取费用或出售产品以清偿贷款，回收投资并赚取利润；特许权期限届满时，该基础设施无偿移交给政府。

（一）BOT 投资方式的起步

1984 年，香港合和实业公司和中国发展投资公司等作为承包商和广东省政府合作在深圳投资建设了沙角 B 电厂项目，是我国首家 BOT 基础项目，但在具体做法上并不规范。1993 年 11 月，我国第一家专业从事 BOT 项目投资的商业实体北京博拓投资开发公司正式成立。次年 5 月，原国家计委主办了我国首次 BOT 投资方式的国际研讨会，半年后又在北京举办了促进外商直接投资和加强基础设施建设的国际研讨会，这三件事都旨在推进 BOT 在中国的运用。

（二）BOT 投资方式的着力推进

1995 年 5 月，原国家计委批复广西来宾电厂二期工程采用 BOT 方式建设，使该项目成为我国第一个经国家批准的 BOT 试点项目。来宾电厂二期工程项目于 1997 年在北京正式签署了协议。该项目获得批准和协议的签署实施，标志着中国在能源、交通等领域试点进行规范化管理的正式开始。此外，BOT 方式还在北京京通高速公路、上海黄浦延安东路隧道复线、海南东线高速公路、三亚凤凰机场等许多项目上得以运用。

（三）BOT 投资方式的加速发展

2004 年 7 月国务院《关于投资体制改革的决定》的出台，使中国推行 BOT 政策导向更加明确，法理依据更加充分。各地相继推出一批条件较好的 BOT 项目，不仅内容有所拓展，投资与运作方式也有所创新。从 2004 年秋到 2005 年末，各地陆续推出招标的 BOT 类项目就有五六十个，这些项目分布在 12 个省的 30 多个城市，东莞和佛山于 2005 年 5 月推出了 16 个污水处理厂项目进行 BOT 招标。2005 年南京长江隧道工程开工，总投资 30 亿元，特许经营期为 30 年。

（四）新型投融资模式的运用与推广

BT 投资是 BOT 的一种变换形式，是指一个项目的运作通过项目管理公司总承包后，由承包方垫资进行建设，建设验收完毕再移交给项目业主。BT 投资是 BOT 的一种变换形式，是由 2005 年百富榜上的黑马富豪严介和创造或者说是简化出来的一种投资模式。PPP（Public—Private—Partnership）模式，即公共政府部门与民营企业合作模式，1992 年英国最早应用。政府部门通过采购协议与中标单位组成的特殊目的公司①达成筹资、建设及经营等合作事项。采用这种融资形式的实质是：政府通过给予私营公司长期的特许经营权和收益权来换取基础设施加快建设及有效运营。与BOT相比，PPP的主要特点是，政府对项目中后期建设管理运营过程参与更深，企业对项目前期科研、立项等阶段参与更深，政府和企业都是全程参与，双方合作的时间更长，信息也更对称。

第二节　我国政策性金融体系存在的主要问题

一、政策性银行体系存在的主要问题

（一）政策性金融法律主体地位缺失

三大政策性银行成立20年，至今为止没有出台适用于政策性银行的法律，缺乏严格意义上的法律保证和规范，法律建设至今还只是停留在规章制度层次上。这在一定程度上也导致了政策性金融与商业性金融之间的无序竞争。另外，政策性银行职能范围没有明确的法律规定，导致政策性银行受到了过多的行政干预，使政策性金融难以把握自身的运作方式。我国对政策性银行立法的滞后，不利于政策性金融的制度约束和经营机制的完善，也不利于为政策性金融的规范运营创造良好的外部环境。

（二）政策性银行和商业银行的业务存在交叉

现实中，不仅三家政策性银行的业务互有交叉（如国家开发银行介入出口信贷业务），而且政策性银行与商业银行的业务有交叉（如国家开发银行发放的电力、公路、铁路、石油化工、城建和邮电通讯等信贷都是商业化极强的贷款业务）。政策性银行成立的目的应是弥补市场缺陷，主要业务范围应该是投资周期长、回收周期长，市场主体不愿投入的领域。政策性银行坐拥政策、资金优势，抢占一些本应由商业性银行完成的业

① 所谓特殊目的公司，一般是由中标的建筑公司、服务经营公司或对项目进行投资的第三方组成的股份有限公司构成。

务，促使商业银行在市场竞争中处于劣势。

（三）风险补偿和补贴机制不健全

政策性银行的运作模式是政府提供资金或者国家信用，主导信贷投向和贷款利率，为亏损提供全额补贴，政策性银行业务缺乏明晰的考核指标，由于补贴支出未能考虑资产质量及其相应准备金的提取，会使政策性银行抗风险能力不断下降。这种运作模式难以建立有效的信贷风险控制机制和经营管理人员约束激励机制，缺乏严格按市场规则评审贷款项目的动力，从而造成贷款回收率低，不良资产增加，可持续发展能力下降。

（四）政策性银行评价标准缺失

政策性银行如果缺乏良好的市场业绩，很难实现长期可持续发展，也不利于加强经营管理，加大了资金的风险和财政压力。政策性银行在保持政策性的情况下也不能完全向商业银行看齐，完全以经营利润为中心建立考核指标体系。对政策性银行究竟如何评价，尚无比较科学的标准。

（五）政策性目标弱化与功能定位模糊

在政策性银行转型的压力以及国家开发银行的强势引导下，政策性银行开始向商业银行看齐，业务范围突破了原有的界限，开始逐渐向商业银行的业务范围渗透，以利润为主要经营目标，淡化了政策性功能。由于人员素质和业务能力难以满足商业化运作的要求，加大了资金运营的风险。

（六）监管架构不健全

目前，我国现有的三家政策性银行的监管工作，无论是从监管的机构，还是内容、形式和手段都还十分欠缺，不利于政策性银行的规范经营。财政部作为政策性银行的出资人，理应承担对政策性银行的主要监管职能。但从现实来看，三大政策性银行受中央银行直接领导，由中国银监会行使监管职责，这种监管方式使得定位不准的政策性金融发展模式更加模糊。

（七）筹资方式面临多重挑战

从资金来源看，政策性银行除财政拨付资本金外，向商业银行发行金融债券和向中央银行借款是其主要资金来源。比如，国家开发银行严重依赖于发行金融债券，进出口银行的资金主要来自于发行金融债券和财政拨款，农业发展银行更多地依赖于向中央银行借款。我国政策性银行的资金来源过度依赖于单一渠道，容易受到相应方面的制约。

三大政策性银行的资金来源过度依赖发行金融债券，债券融资也面临着诸多挑战，尤其是三大政策性银行改制以后，将会与其他商业银行一起参与信用评级，不再继续享受国家主权信用。研究报告显示，政策性银行的债信等级从主权级降到商业银行 AAA 级后，债券到期收益率将会出现 10% 以上的增幅。例如，国家开发银行如果继续保持 90% 的资金来自债券融资，筹资成本将上升约 56 个基点。①

（八）资本金不足问题

从资本金来看，组建三家政策性银行时的注册资本金规模分别为：国家开发银行 500 亿元，农业发展银行 200 亿元，中国进出口银行 33. 8 亿元（2000 年增加到 50 亿元）。20 年来，随着资产业务规模的迅速扩大以及呆坏账的增加，财政部对政策性银行的资金支持职能弱化。在实际运营过程中，政策性银行的资金来源主要依靠向中央银行再贷款和发行金融债券，随着资产业务规模的扩大，迫切需要及时追加资本金以提高资本充足率。

（九）内部管理有待完善

在政策性银行成立之初，内部管理一直存在较大缺陷，未能及时扭转经营理念，也未能做好增收节支工作，致使一些政策性银行一度处于亏损的边缘，而且给财政带来了较大包袱和困难。目前，我国政策性银行的单位性质是企业，但其内部行政色彩浓厚，需要建立健全法人治理结构和现代银行制度。在商业化改制过程中，如何能尽快转变观念、淡化官僚思维、提高人员办事效率和素质，为商业化经营提供能满足条件的运营机制和人员，都是需要重点解决的关键问题。

---

① 据中国人民银行上海总部的研究报告测算，如果 2011 年起开行金融债风险权重为 20%，受投资集中度约束，银行和保险公司最多能购买 8896 亿元开行债券，相当于开行一年的发债量。这意味着，从次年起，国家开发银行将无法发行新债。而此后两年，机构投资者的年均投资增量尚不足 1000 亿元，这将导致开行债券资金断供，相应贷款能力急剧下降；若以贷款回收本金偿还到期债券，2011 年到 2013 年，偿债资金缺口分别是 622 亿元、81 亿元和 2199 亿元。一旦国家开发银行违约发生无力偿债现象，势必引发系统性风险。

二、政策性担保机构面临的问题

（一）兼具政策性和营利性职能带来的信息不透明

政策性担保机构参与和从事商业性担保行为，填补了因商业性担保机构信用不足而造成的市场空白。由于存在信息不对称的问题，很容易以政策性职能来掩饰营利的低效率，也很容易以营利性职能掩饰政策性服务的低效率，导致担保机构利用政府支持背景为自身谋取利益，侵害其他担保机构的利益。政策性担保机构可以通过兼营商业性担保业务获得发展的资金支持，但是商业性担保的规模和所发挥的作用应该受到限制，一方面制约其对担保市场带来不公平竞争，另一方面继续保证政策性担保供给的充足。

（二）从事商业性担保带来的风险集中

政策性担保业务和商业性担保业务在风险控制方面存在根本性区别。政策性担保业务涉及领域主要是符合国家产业政策的领域，比如中小企业贷款，具有收益率低、风险小的特点。商业性担保业务以营利性为目的，其收益与风险是相对应的。由于政策性担保机构缺乏专业化人才，操作流程不规范、不透明、缺乏制度化，未建立“产权清晰、权责明确、政企分开、管理科学”的内部治理结构，不具备开展商业性担保业务的能力，如果盲目开展商业性担保业务可能要付出巨大代价。

（三）缺乏资金弥补机制

政府设立政策性担保机构主要为中小企业、农业等国民经济重要行业提供担保资金支持，贯彻国家的产业政策，为这些行业的融资难问题提供一个可以解决的途径。政策性担保机构由政府出资设立，自成立之日即被定性为非营利机构，存在严重的风险和收益不对称的问题，因而政策性担保业务的亏损存在不可避免的趋势。鉴于财政资金的有限性，绝大部分的政策性担保机构尚未形成一种相对稳定的资金补偿机制。

（四）行业管理体系混乱

目前，各地政策性担保管理体制差异较大，涉及多个部门，工作协调的工作量很大，缺乏综合组织协调的能力，未能建立“团结协作、组织有力、运转高效”的组织保障体系，影响了中小企业融资和政策性担保的和谐发展。

（五）缺乏必要的政策支持

虽然近些年我国出台了扶持中小企业信用担保机构发展的法律法规和政策措施，为担保机构的快速发展提供了有力支持。但是，这些法律法规的配套政策相对滞后，中小企业等行业融资难仍是一个亟待解决的问题，单靠一个部门、一方面的力量都不能妥善解决，必须综合调动各个相关方面的积极性，尽快形成有利于政策性担保行业发展的法律法规与政策体系。

（六）风险控制和分散制度缺失

目前，我国政策性担保机构风险控制与分散风险的手段很有限，缺乏相应制度安排。风险分散的关键是要寻求风险释放的出口，特别需要从政策和手段上加以解决。政策性担保机构面临的代偿风险非常突出，要实现营利相当困难。

（七）社会信用环境欠佳

目前，普遍存在社会信用危机，企业信用观念、法律观念淡薄；会计、财务、法律、评估、资信等中介机构的信息披露不充分或不真实；企业管理水平差、经营容易失败，对还贷心有余而力不足，担保机构面临严重的道德风险和经营风险。

三、城投债融资面临的主要问题

（一）城投债偿还风险

在2008年国际金融危机背景下，以地方政府为主导的城投债发行规模迅速扩张。地方融资平台发行城投债的融资安排，建立在我国经济长期向好的假设基础之上。一旦经济形势未能像预期一样，财政收入不能持续增长，很容易造成地方政府还款困难，引发地方财政风险。

（二）抵押资产虚高

地方政府设立的投资公司很多都存在亏损或入不敷出的问题。从目前发行城投债的条件看，一要制造利润，一般以地方财政补贴使主营亏损的融资平台转为盈利。二要整合资产，把分割在各个部门之下不同类别的资产注入一个平台之下。土地注入是最为普遍和核心的内容，既可以扩大资产基数，又可以用于抵押担保，注入土地的过程中普遍存在虚估土地资产价值的问题。

（三）地方财政兜底风险

城投债的还款来源多是地方财政对未来还款的承诺，这些承诺既是城投公司还本付息的最主要来源，也是城投债增信的主要方式。严重依赖财政补贴的城投公司能否真正做到还本付息，在很大程度上有赖于财政收入的增长和土地价格的上升，而这两个因素在经济下行周期面临巨大的风险。届时，发生城投债偿债危机之时，即是地方财政兜底之时。

（四）挤出市场信用

城投债的大量发行短期内抵消了市场信用紧缩的负面影响，拉高投资的效果明显。以政府信用为基础的城投债，能够确保低成本资金快速、无障碍地流入政府支持的项目，但是地方政府信用的急速扩张其利在短期，其成本却是长期的。由此挤出民间投资，而且加剧市场竞争，挤压了中小企业的融资空间。

四、基础设施建设特许权授予融资存在的问题

（一）缺乏统一管理

采用 BOT 投资方式涉及国家的投资政策、产业政策、税收政策以及外贸政策，涉及的主管部门包括物价、土管、税务、商务等有关部门。BOT 投资方式采用何种审批程序和指导原则，现在还缺乏一个统一的机构来规范管理和科学管理。

（二）缺乏科学的合同定价

BOT 投资方式往往伴随着一国的政治、法律、政策、汇率等风险，并且长周期的投资期限进一步加大了投资的风险。高风险意味着高收益，在 BOT、BT、PPP 等投资谈判过程中，市场一方往往对风险估计过高，对项目产品和服务的要价过高、回收期限较长，要求政府担保的范围过宽。

（三）法律制度尚不完善

虽然我国已具备实施BOT投资方式的基本法律环境，但现有法律制度在政府特许、担保等多方面未能满足BOT投资方式制度需求，亟待完善现有法律制度。改革开放以来，我国已制定和颁布了200多个涉及外商投资的法律和法规，然而我国颁布的法律、法规在许多问题上与国际惯例还有一定的距离。

（四）投资风险不容忽视

BOT投资方式和国内投资相比，除了建设期和经营期、资金持续的风险之外，还面临着政治风险、汇率风险、通货膨胀风险和商誉风险。特别是全球范围内的通货膨胀不断出现，甚至有些国家和地区出现恶性通货膨胀，进一步加剧了相关投资风险。

（五）区域发展不平衡

现有投资项目的分布，东部尤其是沿海较多，中部各省次之，西部应用较少。由于开放程度和经济发展的差异所致，西部地区的基础设施落后而且欠账较多，严重制约了当地的经济与社会发展。

第三节　我国政策性金融发展的历史经验

一、总体评价

20年来，以政策性银行为代表的政策性金融体系的发展经历既取得了辉煌成就，也存在亟待解决的现实难题，通过政策性与商业性业务分离，继而又交叉混营，最后走向商业化改制，在曲折中探索，走过了一条否定之否定的发展道路。

20世纪90年代初，由于市场经济改革的需要，政策性业务和商业性业务的分离，有利于国有商业银行树立以利润为中心的经营理念，提高自身业务素质，建立现代银行制度，这是符合市场经济规律的改革。政策性银行的成立，有助于推动市场经济的深化发展，贯彻国家的宏观调控政策、产业政策和区域经济发展政策。

但是，在政策性银行的运营过程中，出现了一些不尽如人意的方面，比如亏损严重、资金低效等。特别是经过30多年来的改革和发展，市场经济制度已经在我国初步建立，经济市场化程度普遍提高，政策性银行存在和经营的环境条件发生了变化，而且政策性银行在市场化运作与政策性导向之间出现了模糊地带，使其重新具备了1994年改革之前国有专业银行两重行为的便利。三家政策性银行不同程度地打破了成立之初的职能范围，增加了市场化新业务，政策性银行与商业银行业务领域越来越难以划分。针对种种政策性银行在经营中汇集的问题，国家重新将改革的焦点聚集到政策性银行上面，希望借商业化改革解决政策性银行目前所存在的问题，探索出一条适合我国国情的政策性金融体系发展之路。

与政策性银行相类似，政策性担保机构及其他政策性融资机构，大都存在政策性与商业性之间的矛盾关系。现阶段，我国社会主义初级阶段的基本国情没有变，社会主要矛盾没有变，最大发展中国家的国际地位没有变，这就决定了发展仍然是我国最大的实际。继续发挥和利用好政策性金融体系的积极作用，必须坚持深化改革，完善制度，规范管理，控制风险。

二、发展经验

（一）金融环境发生显著变化

随着我国市场经济的发展和改革的深化，政策性金融存在的条件已经发生了明显变化；一是价格机制逐步理顺，价格扭曲状况有所好转，真正需要给予的价格补贴领域和范围越来越小；二是财政状况不断改善，财政收入占GDP的比重不断加大，支持经济社会发展的基础更加牢固。目前，尽管政策性业务的需求依然存在，但在实现方式上需要适应外部环境变化而采取相应的改变。

（二）经营管理水平不断提升

为了适应经济发展需要，政策性金融机构纷纷采取一系列改革措施，进一步完善和强化经营管理体制。在支持经济发展的同时，不断增强防范风险的意识，完善自主决策的程序，提高自主决策的能力。同时，加大资金管理和风险防范力度，经营管理水平得到进一步提高。

（三）业务范围走向多元化

政策性金融机构打破原来的职能范围，增加市场化业务，成为发展的基本趋势。多元化的业务经营，为政策性金融机构的发展打开了一定的空间，为建立现代政策性金融体系提供了现实支撑。

（四）资产质量得到明显提高

政策性金融机构在运营过程中，注重防范和化解金融风险，择优选择支持对象，建立信用结构和信用约束机制，强化政策性金融资金管理。同时，通过采取资产保全、法律诉讼等多种手段，加大不良资产化解力度，资产质量得到明显提高。

（五）金融风险受到高度重视

政策性金融机构在长期的经营过程中逐渐认识到加强防范金融风险的重要性，逐步建立与完善风险控制和防范机制。随着形势的发展和业务的调整，不断建立健全内部控制机制。以三家政策性银行为例，不良贷款余额和不良贷款率逐年下降，可以更好地支持和促进经济社会的发展与进步。

第 3 章

开发性金融与公共财政的关系辨析

开发性金融作为政策性金融发展的新阶段，超越了旧式政策性金融偏重于运用财政补贴来弥补市场失灵的局限性，通过建设市场的开发性手段，以贯彻国家战略目标、消除经济社会瓶颈的方式来实现其政策性。然而，开发性金融又绝非纯粹的市场性活动，它与公共财政之间有着密不可分的联系。在我国投融资体制改革逐步深化、市场体制逐渐转轨的历史时期，客观地评价与分析开发性金融与公共财政之间的关系，进而塑造更加适合我国国情的开发性金融运行机制，对于我国经济社会的长远发展具有重要意义。

第一节　开发性金融与公共财政相互关系的理论分析

一、从政策性金融到开发性金融

政策性金融在我国有着悠久的历史，早在 3000 多年前的西周时期，《周礼》中记载的“泉府”就有政策性金融的功能。新中国成立后，我国的政策性金融业务随着历次政治运动而波动。1978 年后，主要由中国人民银行和四大国有商业银行来承担。1994 年，国家开发银行、中国进出口银行、中国农业发展银行三大政策性银行先后成立，标志着我国的政策性金融开始走上规范化之路。

所谓政策性金融，一般是指由政府以创立、参股、保证等形式成立专业金融机构，不以营利为目的，并根据政府意图在特定业务领域内直接或间接地从事的政策性投融资活动。换句话说，政策性银行主要依赖政府财政资金建立与运行，它具有财政和金融双重属性。政策性银行的财政性质决定了它们不能以营利为目标进行信用扩张或从事商业银行的营利行为，其金融性质决定了它不是“第二财政”，而是自主经营和保本经营的金融企业。

实际上，政策性金融面临着一个很大的悖论，即因为市场失灵，所以要用财政机制来解决“公平”问题。这就意味着政策性金融主要是通过财政补贴来支持一些项目、领域和地区的发展。但财政补贴的直接结果，就是政策性金融机构依赖财政资金过日子，由此，政策性金融机构亏损成为“应有之义”。可是，一旦政策性金融机构发生了亏损，我们又拿出商业性的标准来衡量其业绩。所以自政策性银行成立以来，在取得了一定成绩的同时也面临着诸多困难，陷入经营困境，引发较高的经营风险，增加了对财政的依赖程度。

从理论上讲，当制度运行的成本超过社会难以承受的范围时，制度的变迁在所难免。1998 年，国家开发银行以国家信用为基础，将国家信用和机构信用相结合，通过参与经济的运行，以市场业绩为支柱，以市场建设、制度建设为依托，将政策性金融发展到开发性金融，极大地推进了政策性金融理论的发展，使我们对政策性金融的理论认识与运作水平从最基本的政策性层面提高到开发性层面上来。

开发性金融是政策性金融的高级发展阶段，它仍具有鲜明的政策性，这是开发性金融得以存在与发展的基础。其政策性体现在两个方面：一是资金来源，二是资金运用。前者是政策性金融机构除了具有普通商业金融机构所拥有的市场融资手段之外，通常还得到政府的某些特别支持，例如补充资本、给予特殊的债务融资权、短期信贷支持等措施。至于后者，就是要依靠国家信用，以信贷融资为基础，通过国家信用证券化筹资，支持对国民经济发展有重大影响的和产业政策鼓励的产业和项目建设，贷款则主要投向基础设施、基础产业和支柱产业的国家重点建设，并在促进区域经济协调发展中发挥重要作用。

然而，开发性金融毕竟是政策性金融的发展与延伸，它以开发性为先导，注重用市场的方式实现政府的政策目标。它仍需要得到政府的支持，不过支持的方式主要是赋予其国家信用，而非财政补贴，并且始终需要把国家信用与市场业绩结合在一起。从实现层面看，国家开发银行所推行的开发性金融注重自己业绩的建设和信用建设，进而推进整个社会的市场制度建设。

从政策性金融发展到开发性金融，是在投融资领域正确处理好政府与市场之间关系的客观需要，是政府协调运用好财政资金、信贷资金、证券融资等不同资金资源的正确选择，更是政策性金融机构求生存、谋发展的必由之路。开发性金融不再是简单、被动地适应经济发展对它的政策性要求，而是更积极、主动地以金融手段去创造供给。站在更高的历史视角看，在我国经济社会转轨时期，只有通过开发性金融与其他相关的、适当的方式与途径，走出建设市场、塑造信用的"中国特色"国民经济超常规扩容、升级的路子，才能主动超越"平均利润率自然过程"，实现新型工业化和现代化。在一定意义上，开发性金融已定位于经济发展和结构升级的先导因素与推动力，有必要与时俱进地合理调整、优化财政与开发性金融的关系，进一步发掘与提升开发性金融的功能，使其在构建和谐社会、全面小康社会过程中，更为充分地发挥其积极作用。

二、开发性金融与公共财政的关系分析

财政和金融处于社会再生产的不同环节，职能分工各有不同，在经济社会发展中相辅相成，都是经济社会发展的重要推动力。由于开发性金融是在政策性金融的基础上通过制度创新演变而来的，所以它与财政在某种程度上必然承接政策性金融与国家之间的传统关系，即国家向这种特定的金融机构提供资金支持，掌握控制开发性金融机构的资本，在其经营活动的方向和战略方针上给予特殊指导。反过来，开发性金融的经营方针不能偏离国家的发展战略规划、产业政策和区域发展政策，以及技术经济政策的整体导向等，其业务目标要围绕着政府的社会、经济发展战略意图而展开。基于上述认识，在我国经济社会发展中，需要正确处理好开发性金融与公共财政之间的关系，在更广阔的范围内，以更有效的方式配置社会经济资源。

（一）政策导向上的联系与差异

公共财政与开发性金融均服从和服务于国家的发展战略和政策意图，但运行机理有所不同。开发性金融通过建设市场建设制度的方式，在贯彻执行国家战略意图和战略目标上和财政是一致的，而且是能够形成协调互

动的。其内在机理是，对发展中国家来说，推进经济发展是政府财政的一个主要目标。对中国而言，发展是硬道理。发展什么？用什么机制发展？在现代经济中，发展经济就是“发展市场经济”，发展市场经济的方法就是“建立和充分发挥市场机制”，而开发性金融要“开发”的就是这些对象，所以，开发性金融是一种与财政互动的关系，建立在这个基础上，共同开发市场，发展经济。

在我国社会经济转型过程中，公共财政与开发性金融均是国家发展战略的实施手段和工具。从理论上讲，公共财政是市场经济条件下为满足社会公共需要而进行的政府财政运行机制的模式。公共财政支出，也就是国家把通过预算收入的资金，按照一定的方式和渠道有计划地进行分配，除用于政府及公共机构的正常运转以外，还必须服从和服务于国家的发展战略和政策意图，担负着重要的经济建设、宏观调控、维护经济社会稳定等职能。开发性金融的信贷资金运用也是为国家的发展战略及相关政策服务的，按照国家指定的范围、产业、区域发放贷款，并随着国家战略及相关政策的变动而发生调整。

但是，开发性金融与公共财政的运行机理存在本质上的差别。公共财政方面，收支的无偿性是其除国债部分之外的基本特征，其服从和服务于国家发展战略和产业政策的职能，也主要以无偿性的收支方式寓于公共财政的活动之中。至于开发性金融，国家是开发性金融机构的唯一出资人，设立其的初衷就是与商业性金融分轨运行而实施政策性投融资。但在具体的运行中，开发性金融却要采取“有偿性”为基本特征的操作方式。而且，与财政信用范畴的国债资金运行相比较的重大不同之处是，开发性金融“有偿”操作管理主体的内部治理结构和运行规划，要明确地按照企业样式来构建。因此，开发性金融适宜于成为政府与市场之间的桥梁，也是政府作用于市场的一种有效途径。

开发性金融具有财政与金融两个方面的功能，从本质上看，金融功能更为突出和主要。这就意味着必须准许开发性金融运用各种金融工具和各种金融机制来发挥开发性金融的各种功能。由此，应当探讨赋予开发性金融的投资功能、并购重组功能、信托功能、资产管理功能、信息咨询功能和其他功能，使开发性金融能够在市场开发、市场建设中发挥更大的作用，不仅能够支持国内的金融市场开发，而且能够在支持实体经济部门“走出去”的过程中，开发满足中资商业性金融机构走出去所需要的国际市场。

（二）资金上的联系与差异

开发性金融坚持公益性、政策性和微利性原则，既需要公共财政资金的大力支持，又不能由公共财政包揽。发展开发性金融离不开政府财政的支持。因为市场缺失，市场机制发挥不充分，风险较大，商业性金融不愿意介入，只有开发性金融能够介入。所以，在这个背景下，它仍需要政府财政的必要支持。但与政策性金融不同，开发性金融所需要的政府财政支持，主要是政府财政的信用支持，而不是财政资金的支持。换句话说，政策性金融主要依靠财政资金来支持其运作，而开发性金融主要通过政府财政的信用支持来增强其金融运作的信用能力（即增信）。

国家开发银行作为一家政策性银行，其成立与运营的目的就是为了贯彻和执行政府的政策意图，完成社会经济发展和调控目标。因此，公益性、政策性和微利性是其必须坚持的基本原则。资本金方面，由财政直接拨付。我国国家开发银行的注册资本 500 亿元人民币，完全由财政部从国家预算内经营性建设基金中拨付，分四年划拨到位。从本质上看，开发性金融的投融资活动属于政府投融资范畴，足够的财政拨付资金，是办好开发性金融机构的首要条件。从国际经验看，财政资金在各国开发性金融机构的资金来源中占相当高的比重，有的高达 70% 以上。为壮大国家开发银行的实力，财政还需随信贷资金的增加通过多种渠道不断增加拨补资本金数额。如德国复兴银行注册资本为 10 亿马克，由于政府予以免交所得税和不给股东分红的优惠政策，1998 年实际拥有资本已达 96 亿马克。韩国开发银行法规定，韩国开发银行净利润全部转为准备金。

营运资金方面，一般通过财政出资、贷款融资、信用融资等方式来筹集，在金融市场不成熟、规模有限的情况下，开发性金融机构难以从市场上筹措到足够的资金时，财政需要承担起资金供给者的责任，比如通过财政贴息的方式支持开发性金融机构的进一步发展。这种优惠方式主要表现在开发性银行对项目进行利息返还上，从银行的角度看，实质上是一种利息上的“先计收后返还”。

但开发性金融机构毕竟不是“第二财政”，其资金筹措不可能由财政包揽下来。同时，又由于财政资金的有限性，这就决定了其资金来源上应朝多元化方向发展。其中，信用融资往往成为开发性金融融资的主要方式。这时，财政则成为开发性金融机构筹资活动的担保者，为其承担最终的信贷责任，也为财政带来了潜在的风险。因此，财政具有监管开发性金融活动的义务和责任。否则，可能发生的金融风险和道德风险导致开发性金融投资对财政投资的替代。从另外一个角度看，开发性金融的效率与效益是财政资金可持续介入的前提。在这种情况下，必须区分开发性金融贷款与财政性拨款之间的区别，在实践中通过制度创新、机制创新等，实施严格、规范、科学的管理，并要求回收本金及收取一定的费用，形成开发性金融与公共财政之间的良性循环。

（三）资源配置领域上的联系与差异

公共财政与开发性金融都是政府配置社会经济资源的重要方式，但在“准公共品”上的侧重领域有所不同。财政是政府配置资源的手段，而这一点开发性金融是同样的。但在运行机理和侧重领域等方面，开发性金融和财政有明显不同。简单说，公共财政是满足公共需求的分配活动，无偿性是其基本特征。而开发性金融是信贷资金运用服务于国家产业发展政策等方面，其有偿性的基本运作方式和财政运用范畴相比较有重要不同。涉及公共产品和准公共产品的领域，财政更为侧重提供纯公共产品，而开发性金融提供比较接近于私人产品的准公共产品，需要运用商业化模式管理。其业务范围主要涉及以下几个方面：商业性金融和市场不愿做的；商业性金融和市场做不到的；商业性金融和市场能做，但满足不了的；有专门政府机构能做，但明显不足的。居于两个极端之间的一般准公共产品，则需要根据体制、市场、技术等方面的变动因素，因地因时制宜地大体划为两块不同的侧重领域。

然而，两者之间的区分又不是截然分明的，往往有重合、交叉。概略地说，整个社会产品可以分为纯公共品、私人品，以及介于二者之间的准公共品。随一系列相关因素的变动，这条“光谱”上各个部分的边界，是有弹性的和可漂移的。现阶段，在我国，“两基一支”（基础设施、基础产业以及支柱性产业），公益性项目，高风险项目等公共品或准公共品领域是公共财政与开发性金融投资范围交叉最为集中的领域。

“两基一支”是国民经济的重要组成部分，在经济社会发展中具有战略地位。从我国现实看，基础设施和基础产业建设仍是国民经济发展的薄弱环节，也是国家公共财政需要继续关注的问题。但鉴于公共预算资金的有限性与不断增长的准公共品需求之间的矛盾，仅凭国家财政支出无法解决所有的公共品供应问题。同时，由于“两基一支”领域周期长、风险大、盈利性差，纯商业性资金不愿轻易进入这类准公共品领域，所以投资这些领域成为开发性金融机构义不容辞的责任。

有些公益项目，如科学、教育、文化、卫生、广电等社会设施及涉及公共安全的设施，主要满足社会需求而非市场需求，也就决定了政府是天然的提供者。同样由于公共财政资金的有限性，限制了这些公益项目不能及时有效地提供给社会。在这种情况下，财政应该通过制定财政补贴、税收优惠等扶持政策，来引领社会资金投资公益项目。开发性金融可以发挥积极而富有成效的作用，成为补充财政不足的一支重要力量，还可以引领其他力量向着这个方向发展。

高风险项目投资，如信息产业、生物工程等资金投入大、回收期长、收益不确定性大，所以国际上大部分国家都安排一定的财政资金以促进其发展。在我国，由于长期以来缺乏灵活、有效的风险投资机制以及科技与经济结构还存在不少体制障碍，对上述项目缺乏必要的财政支持，也缺乏可能的商业性支持。此时，开发性金融可以弥补这一重大缺陷，国家开发银行从营业之日起，就对这一领域的投资采取了积极态度，促进了高风险项目投融资多元化格局的形成。

综上，开发性金融与公共财政之间在政策目标、资金筹措、资源配置等方面，既存在着紧密的联系，又有着本质的区别。进一步协调好开发性金融与公共财政之间的关系，促进两者良性互动，有助于更好地发挥财政、金融两种手段在配置和调节社会资源中发挥更为积极的作用。

第二节　开发性金融与公共财政相互关系的实证分析

开发性金融是为弥补市场缺损和制度落后而出现的一种金融形式，法国早在 1816 年就成立了国家储蓄基金带有开发性金融特色的金融机构，但开发性金融真正开始引起世人关注和蓬勃发展则是在第二次世界大战之后。在考察国外开发性金融发展历程时发现，开发性金融在消除垄断性市场结构、弥补具有外在经济的企业资金需求、为弥补市场信息不对称的中小企业提供资金和培育长期资金市场等方面，均在不同时期通过不同方式发挥了极大的作用。比如，通过开发性金融提供的贷款，提高企业的资金利用可能性；通过开发性金融的低利性，可以缓解金融市场的信息不对称，提高资金配置效率；通过开发性金融的资金投向，可以保护农业、促进夕阳产业的结构调整、加快丧失竞争力的产业以及结构调整中不景气产业的重组；特殊时期，开发性金融还可以发挥应对经济危机的作用，通过提供金融支持对经济恢复做出贡献，通过支持能源供应和能源保护应对全球性能源危机。总结、借鉴国内外开发性金融的成功经验，有利于更好地推进我国开发性金融的进一步发展。

一、国际案例

（一）德国的开发性金融

德国的开发性金融机构共有 18 家，大体上分为政府预算贷款和金融机构贷款两类。比如，德国复兴信贷银行、德国负担调整银行就属于政策性金融机构。这类机构通过发行债券、从政府借款等方式筹集资金，贷款对象集中于农业、出口或海外投资、中小企业、住宅和区域经济发展等领域，在管理模式上极其注重回避与民间的竞争，不设立分网点，面向企业的融资都是经由相关商业银行提供的间接融资，[①] 也就是说，借款者需要直接向相关商业银行提出申请，商业银行进行审查，政策性金融机构再进行确认，最后将贷款放出。这样，就回避了同商业银行之间的竞争。在这种情况下，开发性金融能否得到很好的运用取决于如何选择合适的商业性金融机构。为了弥补中介银行的办事经费和风险，开发性金融机构通常按照一定比例向中介银行支付手续费，同时还规定了融资上限，与其协调融资，但是信用风险由商业银行方面来负责。另外一类开发性金融机构属于通过政府预算的贷款范畴，资金来源于税收、国债，贷款对象主要是以德国铁路部门为主的公共部门，但贷款规模很小，新增贷款规模也不大。

20 世纪 90 年代以来，由于原民主德国地区经济复兴的需要，开发性金融贷款比重呈上升趋势。德国合并之后，德国复兴信贷银行用于原民主德国地区开发的贷款占其国内贷款总额的 50% 以上。除了进行小规模的地区基础设施援助（面对民间事业的间接融资额限定在 500 万欧元之内）之外，主要采取的是与民间相协调的面向生产事业的项目融资的方式，从一年的实际发生额来看，这一方式占到了面向国内融资（除住宅外）的 20% ~30% 。德国把政府的贸易保险业务交给民间保险公司，德国复兴信

---

① 德国主要的政策性金融机构没有分支网点，在搜集各个地区的相关信息或情报方面，通常利用商业银行的网点，并以其为中介发放开发性金融贷款。

贷银行则对出口、海外项目投资上的直接融资给予广泛的支持，但由于欧洲委员会的有关意见或决议，预计以后将这部分责任转移给商业性公司来管理。

德国农业金融银行以振兴农业为目的，它具有开发性金融机构的信用，可以以比市场低得多的利率筹集到资金，并经由银行作为中介，向农业部门提供低息融资贷款，这个资金的来源是从其他的与普通农业相关的融资中得到的收益，1973年以后没有接受政府的补助，却实现了政策需要的作用。另外，农业金融银行的资本金1.35亿欧元来源于1949～1958年对农业征收的税金。农业金融银行主要是通过民间金融机构提供间接融资，实行以下政策：一是在政府特殊领域给予比市场利率低的优惠利率；二是对一般农业融资采取和市场一样的利率。

从总体上讲，德国开发性金融机构主要用来弥补地区经济的发展差距，更多地体现公平公益原则；资金来源基本上是根据资金的需要，通过发行债券从市场上筹措，政府视需要提供补助；从地位上看，与民间金融之间的相互竞争问题不突出；从所有制关系上看，并不都是政府所有，有些民间机构通过接受政府的补助，从事政策性的金融活动；从运作手段上看，以间接手段为主，重视提供担保和债券的流动化，政府的直接干预较少。

可见，德国政策性金融具有显著的开发性特征，能够正确地处理好政府与市场在政策性金融中的作用，对于我国来说具有诸多借鉴意义。德国自第二次世界大战后着力建设社会市场经济体制，其有三个基本特征，即维护市场竞争制度、有限的国家干预、缓和劳资矛盾。德国的政策性银行属于高政策的多元化模式，即业务模式多元化，同时政策性也很强，即全能型银行。全能型银行体系对我国的可借鉴性体现在如下几个方面：长期资本性融资时应用“证券化原则”、非常重视吸收存款、不断发展的经常交易与银行清算体系。其中，长期资本融资的证券化原则，对于旨在建立一个有效的货币与信用制度的国家来说，也是一个有价值的借鉴手段。储蓄的积累、资金的有效使用，都可以借助全能银行的经验、市场知识和银行内部各部门之间的联系所形成的信息优势，得到最优解决。过去的事实证明了这一点，对于缺乏有效资本市场的国家来说，这一点尤为重要，因为银行意味着需要为企业提供暂时性贷款或事先融资安排，或者在股票还没有分销出去之前，代为托管。

从经营模式看，很多开发性金融机构在其发展过程中被动或主动地进入了商业银行业务领域，与商业银行进行竞争，这种模式的弊端也逐渐显现出来。在此方面，德国的经验值得借鉴，将竞争性领域分离出来不享受国家信用，从而创造了更公平的市场环境，但同时也保存了经过长时间努力而有一定竞争优势的市场业务。从资产负债业务看，呈现多元化趋势：资产逐步多样化、贷款比重逐年下降，并且盈利性和流动性较高的证券投资有所上升，风险较大的股权投资则成下降趋势，流动性较强的同业存款有小幅上升。除了规定的表内业务外，开发性金融机构还开展担保、信用证、信贷保险等表外业务；在风险管理方面，以完善的组织结构体系及流程管理、科学定量化的系统管理工具和参与重要客户的经营活动为特点；在财政支持上，与财政建立有效的衔接机制，如资本金问题、财政借款、不良贷款的处置、专项呆账准备金、贴息制度、税收优惠、贷款回收保障制度等。从防止金融风险的角度看，根据资金需要发行债券的做法更为合理，政府视需要提供补助。

（二）日本开发性金融

日本从1953年起建立了庞大的“财政投融资”体系，其资金来源主要有：一是资金运用部资金，约占全部财政投融资资金的80%，具体包括邮政储蓄、年金资金、特别会计存款；二是健康生命保险和邮政年金的积累资金；三是以政府信用为担保发行的债券和借款，约占6%～7%；四是产业投资特别会计，不足1%。在这一体系中，开发性金融机构是一个重要组成部分。全部财政投融资资金的40%分配给开发性金融机构使用。在日本，开发性金融机构包括日本输出入银行、日本开发银行和10个公库，其贷款规模占全部银行贷款的30%左右。日本开发性银行一方面向私人企业提供长期优惠贷款，重点扶植一些产业和企业的发展；另一方面，向商业银行等私营银行提供资金，扩大私营银行的放款能力。

日本战后的开发性金融是政府实现自身意图的重要工具之一，它直接服务于当时经济建设。一是针对经济自立、产业合理化和推动出口的需要，建立了以长期信用为主的民间长期信用机关以及民间外汇银行，以及对此进行补充的开发银行、进出口银行等政策性金融机构；二是为了解决失业、经济两重构造问题，在相互银行、信用公库等民间金融机构以及农林系统机关之外，建立了与此相应的中小企业金融公库、农林渔业金融公库等政策性金融机构。可以说，开发性金融体系的建立为政府主导型经济的形成、经济持续高速增长奠定了坚实基础。

以开发银行为例，其业务重点分布在关系经济社会发展基础的技术开发与国民生活环境的社会开发方面，因此能源融资在开发银行融资中占了相当大的比重。进入20世纪80年代之后，日本开发性金融的重点转向推进地域和社会的均衡发展，同时面临不断扩大的内需进行产业结构的调整。与此相对应，开发银行的业务重点是促进地方经济发展、城市和社会基础设施建设、尖端技术开发和产业结构调整。总的来说，日本的开发性金融与其经济发展的意图是一致的。

在日本经济高速增长时期，其开发性金融呈现出以下特点：一是相当大部分用于产业基础设施建设；二是通过税收特别折旧制度提高钢铁、汽车和造船等行业的投资意愿；三是通过财政融资制度对电力、海运、铁路等产业提供低利率融资，降低这些产业的生产成本。然而，凡事有利也有弊。由于日本开发性金融存在一些缺憾，也引起了多方面的批评。[①] 换句话说，日本开发性金融取得了辉煌成就，但教训也是相当惨痛的。

自20世纪70年代中期以后，随着赶超任务的完成，“后发优势”已释放殆尽，增长率已经趋缓，经济结构升级的问题非常突出。从制度上看，日本第二次世界大战后经济的高速增长主要依靠的是一种官民协调机制，政府较多地干预市场经济活动，对某些产业过多的行政保护限制了市场机制，在应该及时调整经济结构时，开发性金融没有很好地完成结构调整，导致了整个经济成本很高，竞争能力削弱，经济结构、金融体系、经济制度弊端丛生，积重难返。20世纪90年代泡沫经济崩溃后，日本开发银行和其他银行仍然根据政府的要求拯救一些竞争力不强的企业，而不是让其优胜劣汰，也是导致日本经济长期衰退的一个原因。由此可见，开发性金融应配合国家宏观政策及时调整战略，在赶超任务完成后政府应减少干预，积极转向发展主导产业，配合产业结构的调整和升级换代。

对于政府介入开发性金融的程度，《世界银行1993年报告》肯定了东亚国家主要是日本、韩国关于政府干预的经验。首先，对于发展中国家而言，由于经济发展的起点低，市场正在培育过程之中，同时，由于市场

---

① 为提高财政投融资的效率和透明度，日本政府于1999年12月制定并公布了“财政投融资制度的根本性改革方案”，取消了邮政储蓄等资金必须存放于资金运用部的义务，筹资方式改为发行财政机构债或财投债，取代了过去从资金运用部借款的做法；强化对财投机构的政策成本分析等。这些措施的出台一定程度上解决了开发性金融中存在的问题。

割裂和不完全，市场信息稀缺且流通不畅。由此带来的金融市场的不健全性，构成了经济发展的巨大障碍。其次，市场主体发育不全，靠其自身的市场行为不能有效地推动工业化和迅速发动经济增长。此外，面对国外资本的竞争压力，后发展国家弱小的私人资本必须依靠政府的力量，政府加快培育国内市场，建立起相当规模的经济体系，以有效抵御国际垄断资本的渗透。井手和林（1992）用模型证明了在古诺均衡的情况下，对以增加社会福利为己任的政府金融机构适当增加盈利动因，反而会增加社会的整体福利。谢泼德（1975）从产业组织论的角度分析了在金融业寡头的情况下，设立与民间金融机构相竞争的开发性银行可以提高金融业的整体效率。这说明，开发性金融对发展中国家的经济社会发展的确是一个不可或缺的工具。

（三）韩国开发性金融

在韩国，商业银行是金融体系的主体。韩国的开发性金融机构，主要由产业银行、进出口银行、企业银行、农协金融公库和渔协金融公库等机构组成。[①] 这些开发性金融机构在韩国银行体系中占有十分重要的地位。其总资产、自有资本和分支机构的占比分别达到 29.74%、38.6% 和 22.5%。在扣除农协、渔协金融公库之后，产业银行等三家开发性银行总资产和自有资本的占比分别为 16.9% 和 28.3%，仍然占有相当高的比重。[②] 为了实现可持续发展，韩国开发性银行在经营机制上借鉴了商业银行模式，目前其平均不良资产比率与商业银行大体相当，资本充足率平均为 13.51%，则明显高于商业银行 10.84% 和地方银行 11.12% 的平均水平。从资产收益率和资本收益率指标看，产业银行等三家开发性银行均低于业界的平均水平，在某种程度上反映了这类机构不以营利为目标的特性。

在实践中，韩国开发性金融发挥出重要的作用：一是实现法律设定的目标，满足特殊领域和弱势群体的融资需求；二是抵御经济危机，维持经济稳定；三是应对金融环境的变化，成为金融市场的“稳定器”。其中，

---

① 由于农协金融公库和渔协金融公库已基本商业化，虽然在统计上按照惯例被列入特殊银行行列，但政府主管部门已不再将这两家金融机构作为政策性金融机构看待。2004 年韩国又成立了一家新的政策性金融机构——住宅金融公社。

② 转引自《韩国政策性金融体系运作的特点及对我国的启示》，“中国开发性金融的理论与制度安排”课题组。

韩国产业银行的作用尤其重要，它是为主要产业提供资金而于1954年成立的，20世纪六七十年代中的韩国设备投资资金来源中50%以上是由韩国产业银行提供的。它以国家信用为基础，根据经济形势和政策要求的变化，适时调整经营重点和范围。其成立之初主要是作为管理、发放财政资金的窗口，为电力、煤炭等基础产业开发提供资金。在20世纪六七十年代，支持重点转为出口产业和重工业；20世纪80年代重点支持汽车、电子等工业；20世纪90年代以后重点支持半导体等高新技术产业，培养中小型企业和风险企业。目前，韩国产业银行的经营范围，已经由贷款扩展到发行企业债券、对外担保、项目融资、企业重组、为企业提供经营咨询和金融咨询等方面。韩国进出口银行最初的设立目的是推动出口，目前进口和海外投资也开始成为进出口银行的支持对象。20世纪90年代以前，韩国进出口银行的主要目标是支持船舶出口，因而以生产船舶的大企业为服务对象。1990年后，支持范围扩大到为中小企业提供短期设备资金，目前对中小企业的贷款比重已经达到25%。

从资金来源上看，韩国的开发性金融机构严重依赖中央银行的贷款和商业银行的存款，较少依赖财政资金、邮政储蓄、保险资金等。对借款的补贴比重很大，开发性金融的范围更广、程度更深，贷款投向明显体现了政府偏好和意志。在韩国经济起飞过程中，几乎主要的银行都是国有的，利率控制在市场水平以下，从性质和功能上讲，这些资金均可算作开发性金融资金。

在国内储蓄不足的情况下，为了维持较高的投资率，必须依靠海外资金。在韩国，财政投融资是政府财政的一个特别会计，一个重要的资金来源就是海外借款。政府将这笔资金直接用于公共事业，同时通过出资、融资等形式分配给以韩国产业银行为主的各种政策性金融机构、国营企业等，用于基础产业、基础设施建设。总之，开发性金融在韩国金融体系中占有相当大的比重，在20世纪70年代约为50%；在20世纪80年代，由于非银行金融机构的发展，这一比例下降到30%；但在存款银行部门，开发性金融贷款比例仍然高达60%以上。从贷款结构来看，韩国开发性金融多偏重于制造业部门。在制造业内部，贷款向出口和重化工业倾斜，轻工业所占比例较小。韩国经验表明，作为市场经济的补充和政府调控经济的工具，开发性金融机构今后在相当长的时期内还有存在的必要。

综上，国际经验表明，开发性金融机构与公共财政之间有着密不可分的关系，但又存在重大差异，而且需要采取市场化的方式方法，才能协调好两者之间的关系。同时，开发性金融良性运作机制需要建立在公共财政基础之上，又能脱离开公共财政而相对独立地高效运行。具体来说，在一些需要大力发展但仅靠市场力量又难以满足其资金需求的领域，开发性金融机构可以发挥重要的支持和引导社会资金作用；开发性金融机构具有稳定金融体系的重要作用，除了提供资金以外，还可在大企业结构调整、进入国际市场筹资、应对国际金融环境变化等方面发挥了重要的领导作用；开发性金融与商业性金融在长期内可以互为补充，前者需要利用商业性金融的业务网络，后者需要政策性金融机构的导向；开发性银行可能是个“坏银行”，也可以成为“好银行”，关键是采用什么样的制度安排来有效控制政策性银行的风险和调整其行为；不同历史时期对开发性金融的需求是不同的，需要根据形势的变化适时调整经营重点和范围。

二、中国的实践

（一）1998 年以前政策性金融与传统财政的关系

在计划经济时期，我国政府融资以财政方式为主，由国家直接调配各方面资源，政府财政拉动经济社会发展。这个时期，财政支配金融，金融只是财政的出纳，充当“第二财政”的作用。这一体制安排在取得显著成效的同时也导致财政风险向金融传导，造成大量的金融风险。1994 年，随着金融体系改革逐渐深化，中央银行保持独立，商业性金融与政策性金融开始分离。这一时期，银行信贷虽已成为融资体系中的绝对主体，但仍承担过多中长期投资的责任，信贷融资的财政化色彩依然很重。

剖根究底，政策性银行作为政府的银行，是政府投融资的重要渠道与执行国家政策的重要工具。基于此，传统的政策性银行势必严重依赖财政补贴，加之一直在从事规模大、风险高、社会效益好的投资活动，又由于法律、制度、体制上的不完善，资本充足率普遍偏低等因素的影响，如何在支持经济社会发展的同时防范与控制风险，成为我国政策性银行需要解决的主要矛盾。由于我国政策性银行组建的主要目的是接受原四大国有专业银行的政策性金融业务，为国有专业银行的商业化改革扫除障碍。因而，三家政策性银行自组建之初就背上了沉重的由政策性呆账形成的不良资产包袱，尤其是中国农业发展银行和国家开发银行分别从原中国农业银行、中国建设银行及六大国家专业投资公司接受了大量的不良信贷资产。①

在三家政策性银行中，国家开发银行主要是发挥宏观调控职能，支持经济发展和经济结构的战略性调整，为关系国家经济发展命脉的基础设施、基础产业和支柱产业的重大项目及配套工程建设提供长期资金支持。中国进出口银行主要是为我国机电产品、成套设备、高新技术产品出口和对外承包工程及各类境外投资提供政策性资金的支持，同时也是外国政府贷款的主要转贷行和中国政府援外优惠贷款的承贷行。中国农业发展银行为确保国家粮食安全、保护广大农民利益、促进农业和农村经济发展，主要是为粮棉油等农副产品的收购、调销和国家专项储备提供资金的支持。我国政策性银行贷款和投资项目具有特殊性，贷款项目主要面向经济效益差、社会效益好、周期长、风险大的产业和领域。在贷款项目较长的周期内，贷款项目的风险极易受到经济发展趋势、项目借款人的经营状况、贷款利率变化等因素的影响，从而给政府背上沉重的包袱。②

我国传统的政策性银行是作为政府的出纳存在的，实际上成为了财政支出的窗口，自主选择权和决策权薄弱，难以形成完善的风险管理机制。如无法回收的贷款中，许多资金被挤占挪用，有的用于地方财政开支，有的甚至挪用于炒股票和房地产。这些风险的日益积累不仅威胁到政策性银行的生存和发展，而且不利于整个国民经济的稳定和可持续发展。低资本充足率和高不良贷款率是我国政策性银行的现状，要维持政策性银行的运转只能依靠政府的财政补贴。这种低效率和高风险的现状不仅影响到其自身的资产回报率，从而制约了其长期运作的能力，而且也限制了政策性金融功能的发挥。

政策性金融体系肩负着部分财政职能，当其出现效益滑坡，偿债困难时，财政理应出资救助，但由于财力紧张，只能依靠国有金融体系的资金维持。政策性金融资金的财政化使得体制内的风险不断外化，转移到银行

---

① 据国家开发银行的有关调查和分析，原“拨改贷”资金余额中，企业能够按期偿还的约占10%，30%虽有偿还能力但需要展期，另外的60%已基本上形成呆账。

② 以中国农业发展银行的粮棉油收购贷款为例，贷款放出之后，由于大批粮食卖不出去，其发放的巨额粮棉油收购贷款便源源不断地变成国有粮棉企业的库存粮棉。由于粮棉的生命周期较短，过期会腐烂变质，再考虑到入世粮棉价格会大幅度下降和高额仓储费用，则中国农业发展银行的收购贷款可能难以收回，从而形成巨大的不良资产。比如，2004年第一季度末，中国农业发展银行不良贷款利率达到57.07%，位居我国三大政策性银行之首。

体系、资本市场乃至全社会，国有金融制度也会因此积累巨大的风险而陷入困境。更为严重的是，金融风险最终必然又会影响到财政稳定，最终形成恶性循环。而财政为化解国有金融的风险已经付出了高额的代价。除注资外，间接减征营业税，债权转股权，直接补偿和暗补等手段频繁使用，无疑成为沉重的财政负担。

（二）1999 年至今开发性金融与公共财政的关系

作为政府的开发性金融机构，国家开发银行立足全局和长远，坚持走开发性金融的发展道路，以市场建设为出发点，积极开展与政府合作，在各地的经济社会发展中发挥了重要作用。1998 年以来，先后经历了与地方政府开展金融合作、信用合作和开发性金融合作三个阶段，与政府有关部门、大型企业集团的合作也在逐步扩大。实践表明，开发性金融与公共财政之间具有良性的互动作用，两者相互补充，相互支持，相互促进，能够形成合力，可以产生明显的放大作用，对加速经济社会发展、全面建设小康社会与构建和谐社会，都有非常积极的意义。

开发性金融产生与发展的“源动力”，来自我国经济社会发展的客观需要。当前，我国融资格局具有“中间大、两头小”的特点，信贷融资占据融资的主导地位，规模远远大于财政融资和证券融资。信贷规模虽大，但大量的不良资产、信贷资金“以短贷长”的期限错配，以及外资银行全面进入的竞争等，使金融安全面临挑战；流动性过剩也严重制约了银行体系运营的效率。尽管如此，由于商业信贷的逐利性，大量经济社会发展薄弱环节仍然得不到商业金融的支持，还主要靠财政资金。而财政资金十分有限，难以满足经济社会和谐发展的要求。资本市场则仍处于起步阶段，作用还极为有限。以城市基础设施建设为例，我国至今尚未允许地方政府发行市政债券，无法满足重大项目建设的筹资需要。这一格局将在相当长的时期内难以发生根本性改变。这就为开发性金融的发展与壮大提供了广阔空间，使我们有可能走出了一条适合中国国情的投融资推动市场建设的独特道路。

开发性金融是政策性金融的高级发展阶段，它与公共财政的关系也发生了重大改变。在资金筹措方面，开发性金融建立了稳定的长期融资渠道。在资本金不足的条件下，开发性金融以国家信用为基础，通过发行金融债券建立长期稳定的资金来源。一是建立了市场化的筹资机制。开发性金融从 1998 年开始发行金融债券，2000 年实现债券发行的完全市场化。

二是建立了承销团发债机制，形成了每周有规律进行债券发行的制度，确保了长期稳定的资金来源。三是不断创新债券品种和发行方式，努力降低发行成本。开发性金融先后推出3个月至30年期的不同期限债券，推出了浮动利率债券，推出了通过两次招标确定利率和滚动发行的远期利率债券、选择权债券，并成功地发行境内美元债券。这些产品的共同特征是在市场利率变化不定的环境下，具有规避利率风险的功能，因而这些产品受到了投资人的广泛欢迎。当前，国家开发性金融债券占到银行间债券市场的1/3以上，在使开发性金融获取稳定资金来源的同时，也扩大了银行间债券市场的规模。

从贷款角度看，主要包括三类：一是属于财政直接投资范围内的、自身现金流不足的公益性项目贷款，前期依靠财政对平台企业的补贴作为还款资金来源的一部分，主要基于政府的财政信用对借款人增信。二是政府参股控股的基础设施项目贷款，依靠项目自身现金流还款，主要基于政府的经济管理能力对借款人增信。三是独立的大型国有企事业单位贷款，依靠借款人自身的综合实力还款，主要基于政府的组织协调能力和干部管理能力对借款人增信。第二类和第三类贷款与财政没有直接关系。对于第一类贷款，在还贷期内列入预算的财政补贴，是本来就应列支用于项目建设的资金，属于正常的建设性支出，不能简单等同于预算还债。企业获得的补贴虽然源于财政资金，但已经通过组织增信转化为企业法人的现金流，使平台企业成为独立承担责任的市场主体，摆脱对政府的依赖，降低财政风险。

从法律角度看，这部分财政补贴支出符合《预算法》规定。将一定的财政补贴支出列入预算并通过全国人民代表大会审议，这种做法在国内已有先例，也符合国际惯例。首先，这种补贴支出属于建设性支出。其次，需要补贴的公益性项目，均属于社会公共物品范畴，其生产具有长期性，需要统筹规划，持续投入财政资金。而财政预算一年一定，具有短期性。因此，全国人民代表大会将某些建设性支出在一定时间内固定下来，列入每年的财政预算，将使财政支出的规划性更强。

从风险角度看，开发银行贷款没有增加财政风险。开发银行运用政府的财政信用，目的是发挥财政的杠杆作用培育平台企业现金流。基于财政信用的贷款项目，都是本来就属于财政直接投资范围内的公益性项目。开发银行贷款弥补了财政资金的不足，加快了项目的建设。项目建成后，其效益最终将体现到财政收入和相关机构现金流的增加，以及人们生活质量的改善。因此，开发银行贷款并未增加财政的风险。

与上述一些担心恰恰相反的是，开发银行贷款有助于提高财政收入和资金效益。开发银行贷款支持基础设施建设，一方面，将土地的潜在收益显现出来，直接增加了财政收入；另一方面，改善了城市的投资环境，吸引更多的企业投资，间接增加了财政收入。财政收入增加又会相应地带来了基础设施投入的增加，形成良性循环。既符合健康财政的管理目标，又降低了开发银行的贷款风险，同时给老百姓带来实惠。

从长远看，开发银行贷款最大的效应在于推动了制度建设。为建立起长期有效的还款机制，开发银行主动引入人民代表大会、政协和纪委、审计部门的监督，要求与项目有关的资金安排通过人民代表大会审议批准，财政补贴制度化，财政支出要列入财政预算；推动政府土地出让制度的改革，使收益部分收归国有；推动作为融资平台的国有企业改革，建立借、用、还一体化的治理机制。因此，开发性金融的成效不仅仅是建设了几个项目，而是通过融资推动了基础设施建设管理的制度建设，使土地市场规范化，促进了国有企业的改革。

第三节　认识我国开发性金融作用的基本要点

从理论上讲，投资是经济增长或经济发展的重要动力源。在任何社会，社会总投资都可以分为政府投资和非政府投资两大部分。在市场经济条件下，规模宏大、回收期长、薄利微利无利等带有公共性或准公共性项目，政府具有不可推卸的投资责任。就一般情况而言，非政府投资主体不愿介入，也难以介入这些领域。但是，在政府投资的资金提供方式上，可以由政府提供，如财政投资；也可以由市场提供，如 BOT 投资方式；还可以采取混合提供的方式，如政府通过参股、优惠贷款或减免税收诱导民间资金参与投资。我国政策性金融机构 20 年来的发展里程，不仅为我们提供了理解上述认识的具有生命力的例证，而且还推进了政策性金融理论的发展。如何认识开发性金融作用，成为财经理论工作者及其实践部门面临的一项重大课题。国家开发银行是我国开发性金融的首创者与实践者，也为我们认识开发性金融作用提供了一个视角。概括地讲，认识我国开发性金融作用的基本要点主要包括以下五个方面：

一、政策性作用

（一）政策性作用的基本内涵

所谓政策性，是指在政策性金融机构的资本运作和经营活动中，总是隐含着政府特定的价值判断和具体目标。这种政策性通常体现在两个方面：一是在政策性金融机构的资金来源方面；二是在政策性金融机构的资金运用方面。

对于前者，政策性金融机构除了具有普通商业金融机构所拥有的市场融资手段之外，通常还会得到政府的某些特别支持，例如补充资本、给予特殊的债务融资权、短期信贷支持等措施，这正是政府对于政策性金融机构的优惠性融资政策的表现。

对于后者，政策性金融机构的日常业务通常会受到特别法令的限定，其掌握的资金主要被运用于关系国计民生的“准公共领域”，特别是商业金融机制难以完全发挥作用的“市场失灵”的领域。具体说，就是要依靠国家信用，以信贷融资为基础，通过国家信用证券化，支持对国民经济发展有重大影响的产业和项目建设，贷款主要投向基础设施、基础产业和支柱产业的国家重点建设，并在促进中西部地区发展中发挥重要作用。

（二）政策性作用的深层意义

建立政策性银行，有效发挥政策性金融的积极作用，是我国经济社会健康发展的客观需要。党的十一届三中全会以来，我国步入改革开放历史进程之中，确立了“三步走”的宏伟设想，计划在 2050 年前后使中国在人均指标上达到当时的中等发达程度的国家水平。能否实现这一战略构想，关键在于能否利用“后发优势”正确实施“赶超战略”。然而，我国的市场还很不健全、市场体制尚处于建设之中，单纯依靠市场的力量来发展中国经济是非常不现实的。同时，我国正处于体制转轨过程中，市场化改革取向已经确立，这就决定了我们绝对不能退回到政府包办一切的老做法。

正确处理政府与市场的关系，充分发挥国有、民营两方面的积极性，是推进我国经济社会健康发展的必然选择。在这种情况下，政策性银行的成立，既区别于商业性金融的做法，又不是简单沿用过去的财政性思维，而是在坚持政府主导的前提下，充分利用市场的力量，采用灵活有效的市场化管理机制，追求长远利益与综合利益的最优化、经济利益与社会利益的最大化，更有助于实现国家的政策意图。

（三）政策性作用的集中体现

政策性金融的政策性作用主要通过项目贷款的投向体现出来。比如，国家开发银行贷款的主要投向集中于电力、煤炭、铁道、石油化工、城建、公路等产业，对于原油开采、原煤开采、铁路新线、复线投产、电气化铁路、港口吞吐能力、电力装机容量、高速公路建设等新增生产能力产生了积极而重要的贡献。此外，还支持了三峡、西气东输、南水北调等国家重点项目，在城市化建设、中西部地区发展方面也发挥了较大的影响。

未来一段时期，基础设施建设、城市化建设、落后地区开发、战略性产业发展、老工业基地振兴、发展中小企业和提高社会就业、中低收入家庭住宅建设、高科技产业发展、金融体系安全、参与国际竞争等，都是我国亟须解决的瓶颈问题。在解决这些问题方面，政策性银行具有不可或缺的战略地位。

二、开发性作用

（一）开发性作用的基本内涵

在开发性金融阶段，政府通过目标导向、策略安排、战略引导等多种手段实现其政策意图。比如，为支持西部大开发及基础设施建设，政府并不直接贴息，而仅仅是一种号召，从战略上、目标上引导政策性金融机构的贷款进入，在这种没有政府补贴的政策性金融活动中，开发性作用已经开始显现。

开发性金融仍然需要得到政府的政策支持，不过支持的方式是赋予政策性金融机构以国家信用，而非财政补贴。国家信用不是资金，却是筹集资金的制胜法宝。比如，把主权级信用运用到资本市场、债券市场变成筹资能力，把金融机构的短期存款和社会资金转化成长期资金，对国家重点发展的产业、行业和区域，提供数额大、期限长的贷款，并发挥资金导向作用，通过一系列制度安排，可以利用国家信用在尚不成熟的领域和将来成熟的市场之间搭建一座桥梁。

为了保证国家信用在市场运用中的成功，需要开发性金融机构始终把国家信用与市场业绩结合在一起，以资产质量保证市场业绩，以市场业绩维护和增强国家信用，坚持依靠自己的资产质量和盈利能力来维持开发性金融的可持续发展。同时，开发性作用还可以通过利用政府协调与组织增信，推动法人治理结构建设和社会信用建设，增强市场配置资源的基础性作用，协助实现政府的宏观调控职能作用。可以说，政策性作用更多的带有政府性色彩，开发性作用更多的带有市场建设的色彩。

（二）开发性作用的实现

从经济发展和社会发展来看，开发性金融可分为纯政府的、半政府和半市场的、完全市场化的三个阶段。第一个阶段就是以财政补贴为基础的政策性金融。这一时期金融机构本身业绩不是最重要的，政府的信用和财政补贴最重要。第二个阶段就是以国家信用为基础，同时追求自身的市场业绩和信用。在这一时期，金融机构本身作为一个独立的主体被提到议事日程上，运用的是国家的信用在市场上发展。第三个阶段就是运用制度建设的能力和自身的业绩实现政府的政策意图。

国家开发银行所推行的开发性金融活动已经过前两个阶段，其特点是注重自己业绩的建设和信用建设，进而推进整个社会市场制度建设。可以预见的是，围绕国家在小康社会发展和可持续发展中的一系列战略重点，有效开展开发性金融活动，有助于在中小企业、“三农”、就业和创业以及助学贷款等领域，打破融资瓶颈，构建新型融资机制，促进经济社会的协调快速发展。

（三）开发性作用的集中体现

三峡工程是开发性金融在我国实践的一个成功案例。1993 年，三峡工程开始施工准备，由于种种限制，债券、股票、外资等融资手段在工程建设之初难以运用，国际资本市场也对三峡融资持消极的态度，而国内的商业银行当时对三峡工程这样的长期项目尚在考虑观望。因此，三峡一期工程资金缺口较大。在这种情况下，国家开发银行对三峡工程鼎力支持，以支持国家“两基一支”的政策导向和对大型水电项目行业特性的深刻认识，做出了为三峡工程提供长期贷款（总额 300 亿元人民币，1994 ~ 2003 年每年发放 30 亿元）的决定。

三峡基金和开发银行贷款，保障了三峡工程一期建设资金的供给，使工程得以顺利启动。1997 年大江截流，三峡工程建设顺利转入二期。三峡总公司逐步具备条件，走入债券市场直接融资，并进一步得到国家开发银行的大力支持。债券融资成功后，国家开发银行对三峡工程融资支持的示范和导向作用更加显现出来：中国工商银行（简称工行）、中国建设银行（简称建行）、交通银行（简称交行）开始为二期工程提供贷款融资；中国银行（简称中行）、中国农业银行（简称农行）、民生银行、招商银行（简称招行）等都积极参与；左岸电站机组国际招标，获得11.2亿美元国外出口信贷和商业贷款，由国家开发银行提供转贷款的服务。债券融资、商业银行的贷款以及出口信贷使得三峡工程多渠道的融资方案基本上实现了。长江电力的顺利上市发行收购三峡机组更拓宽了三峡工程在资本市场融资的渠道。三峡工程从开工到二期工程施工高峰2002年，国家开发银行给三峡工程的资金支持占融资总量的近30%，在长期信贷里占60%。可见，三峡工程建设目标顺利实现，开发性金融的作用功不可没。

城市基础设施建设项目贷款，是又一个成功的典型。1998年开始，我国城市化建设进程步伐明显加快，但严重缺乏配套的融资体制、市场条件和信用环境。国家开发银行将融资优势与地方政府组织协调与增信优势相结合，按照市场经济的规则，共同构建融资平台，进行企业法人治理结构、项目信用结构、资金监管机制以及偿还机制的建设。将信用建设贯穿于项目开发、评审、贷款发放、本息回收全过程，不仅有效地防范和控制了风险，实现了项目建设和体制建设的双目标，也为后期商业银行的进入提供了示范和条件。

三、制度创新作用

（一）制度创新作用的基本内涵

不具开发性作用的政策性金融机构由于其浓厚的政府性色彩，虽然可以缓解瓶颈领域的制约，但也容易积累风险，并付出相当大的成本。比如，项目由部门指定，发债由行政摊派，贷款由商业银行委贷，风险意识不强，必然导致信贷风险不断累积沉淀。

为什么会出现这种局面？具体原因是多方面的，尚未进入开发性金融阶段的政策性金融机构往往对风险管理不重视、资金使用者对资金效益不重视等。尤其重要的是，我国的政府投融资体制不完善、市场制度及市场体系不健全更进一步加剧了上述问题的严重性。比如，长期以来我国缺乏向瓶颈领域提供融资的渠道和机制；我国的信用体系不健全，存在信用缺损，很多情况下只有国家信用，没有企业、个人和社会信用；信贷管理制度不科学，不能实现全过程、全方位地监督与控制等。

所谓制度创新作用，就是指通过开发性金融机构的金融活动，在促进经济社会健康发展的同时，也可以推进投融资体制的完善，建立健全市场体系，加强信用制度建设，改进市场运行环境，形成开发性金融活动与市场建设之间的良性循环。

（二）制度创新作用的集中体现

第一，促进我国资本市场的发育。比如，国家开发银行作为债券银行，在发债和承销企业债券的过程中，不是被动地适应落后的市场环境，而是积极地促进市场发育。1998 年开始实行市场化发债，2000 年实现完全市场化，建立起市场化的筹融资机制，推动了我国利率市场化进程。通过承销企业债券，贯通了长期信贷融资与资本市场的连接，增强了我国资本市场分散长期风险的功能。

第二，推进信用体系制度建设。国家开发银行作为一架桥梁，把政府和市场连接起来。既扩大了政府的能力，通过市场方式来体现政府和政策，引导商业金融和社会资金的流向，又把政府的组织优势转化为信用优势，建立和扩建地方政府的信用，最终成为银行的一大优势。将开发性金融机构、地方政府以及资金使用者紧密地联系在一起，充分发挥各方面的积极作用，共同促进经济社会的健康、快速发展。

第三，加快政府投融资体制的建设。运用市场的方式，将长期资金引入到瓶颈领域，提高了资源的配置效率；以建设市场的方式，将政府的组织协调和增信作用，导入长期投融资领域，通过构造和孵化投融资平台及信用平台，弥补了我国政府投融资体制的缺陷；形成了有效应对集中大额长期风险的制度安排；为商业金融进入城建等投资领域创造了条件。

（三）制度创新作用的重大意义

创新是一个民族的灵魂，但任何一项创新都不是轻而易举地就能实现的。比如，完整的信用体系包括三个层次的内容：第一层是法律框架基础，就是有关的法律制度；第二层是市场惩罚和政府约束；第三层是道德约束。创建和维护信用体系，需要社会各方面的共同努力，而政府的作用尤其重要。开发性金融机构是联系政府与市场的一个通道，具有浓厚的政府性色彩，可以发挥政府及市场不可替代的积极作用。

比如，开发性金融机构在发放贷款时，也把金融意识带到了各地政府和企业，对观念的转变、信用体系的建立、金融制度的建设起到了积极作用，以金融的高效率来支持经济发展。开发性金融机构的制度创新作用，不仅推进了政府管理制度创新、市场体系的完善，而且还实现了政府、市场与开发性金融机构的共赢。

四、战略导向作用

（一）战略导向作用的基本内涵

当前，我国人口多、资源少、发展不平衡等问题日益突出。在涉及国家经济安全的战略性领域，“两基一支”领域的问题仍未得到彻底解决，特别是煤电油运等能源交通供应又趋紧张，主要农产品以及重要原材料等也出现了资源约束。在宏观经济中，投资需求过旺与局部消费需求过低并存，城市需求与农村需求的反差日益突出，盲目重复建设和泡沫问题突出。解决这些问题需要充分发挥政府、开发性金融机构、市场等多方面的力量。其中，开发性金融机构作为落实政府政策的一个重要工具，又同市场联系密切，可以有效发挥战略导向作用。

所谓战略导向作用，是指开发性金融机构通过贯彻国家经济发展战略，支持产业结构优化升级，支持国家中长期发展规划的实施，增强对经济增长的支持力度，促进经济社会的协调发展。更重要的是，战略导向作用并不局限于经济建设领域，在制度建设领域也具有战略导向作用。在我国向市场经济转轨的今天，物质瓶颈与制度瓶颈是我们亟须解决的两大难题。在制度建设领域，我国市场发育不足，信用体系缺损，缺乏市场载体，企业法人治理不健全，市场基础设施落后。开发性金融凭借其特殊优势，是有效解决制度瓶颈的重要力量和有效途径，它的运作与管理，可对财政资金、商业银行信贷资金、资本市场融资资金进入投资领域产生引导与示范作用。

（二）战略导向作用的具体体现

支持农业发展，这是当今世界各国开发性金融最为基本的目标。无论在发达国家还是发展中国家，农业产业由于其内在的特殊性，都是必须得到政府关注的弱势产业。为了促进农业生产率的提高、保障农业从业人员的福利水平、实现农业基础产业的社会稳定作用，各国政府都主导或建立各种政策性金融机构来支持农业的发展。

基础设施由于其公共性或准公共性特征，也往往成为政策性金融机构的支持对象。健全的基础设施是一国经济稳定增长的前提，而由于基础设施通常具有非营利性或盈利周期长的特征，商业性金融难以成为支持其发展的主体。在各国的工业化中期以前，政府往往都利用政策性金融机构来支持基础设施的投资。

经济全球化条件下的国家利益差别，使得各国都在某种程度上运用金融手段来影响自己的进出口情况。虽然国际合作是当今世界贸易的主流，但也要看到，目前并未形成公平合理的国家贸易秩序，贸易保护主义还处处存在。在此情况下，政府通过政策性金融机构来对进出口业务产生金融影响，实施“走出去”战略，可以在参与国际竞争中一定程度上保护本国利益，这是我们现实的选择。

由于中小企业的特殊地位与其融资的困难，使其经常成为政府特殊政策所关注的对象，这也是政府出于促进风险产业成长、增加就业、优化经济结构、维护市场竞争等目标的考虑。这样，鉴于支持中小企业发展背后隐含着众多的政府特定目标，因此政策性金融机构在这方面大有作为。

经济增长不仅带来总量的扩张，而且要求一国居民社会福利水平的普遍提高，这也是像我国这样处于工业化中期的国家所必须注意的。政府把增进社会福利水平的目标落实到金融体系建设上，就表现为运用政策性金融机构有针对性地对关系居民福利的领域提供金融服务，尤其表现在住宅金融、社会保障等方面。

鉴于民营部门通常认为政策性金融机构的行为背后隐含着特定的政府意图，因此政府可以通过政策性金融机构的活动来引导资源配置，促进经济结构的优化。在我国的宏观调控体系中，政府促进经济结构优化的主要政策手段还是财政政策与产业政策。如果政府能够更有效地利用政策性金融机构来传递调控者的意图，协调民营部门的经济行为，则在很大程度上提高了金融政策在经济结构调整中的作用。

（三）战略导向作用的实现

信贷政策取向是实现战略导向作用的重要途径。将信贷资金投向电力、铁路、公路、城建、石油石化（包括天然气）、电信等重大项目建设，投向国家重大技术改造和高新技术产业化项目，严格控制一般性加工工业基建项目，就可以有力支持这些领域的发展；将信贷资金投向中西部地区，投向东北老工业基地，就可以有效促进区域经济的协调发展。将信贷资金投向生态环境建设，投向小城镇建设，就可以及时改善广大人民的生活质量。通过开发性金融机构的信贷政策取向，不仅可以有效发挥政府政策的战略导向作用，也更有助于发挥市场在资源配置中的基础性作用，将政府与市场更为紧密地结合起来。

具体讲，以国家开发银行为例，在国家重点建设项目中，国家开发银行累计贷款占87%；对国债项目投放的配套贷款占全部银行配套贷款的38%；向中西部地区贷款占全行贷款总额的比例保持在60%左右。重点支持了三峡工程、小浪底水利枢纽、岭澳及秦山核电站、京九铁路、南昆铁路以及公路“五纵七横”国道主干线等一大批国家重点建设项目。这对贯彻中央扩大内需、投资拉动的方针，实施西部大开发战略，促进国民经济持续健康发展起到了重要作用。

为了支持西部大开发，国家开发银行及时提供了支援贷款，用于项目开发前期工作。为振兴东北老工业基地，国家开发银行坚持与辽宁省政府合作，以提升核心竞争力为中心，通过贷款方向与规模的安排，并在金融新产品试点推广等方面给予政策倾斜，最大限度地满足辽宁经济社会发展的需要，并结合社会保障、资源枯竭城市转型等问题，推进就业、中小民企发展、教育、公共卫生、旅游、“三农”、县域经济、环境治理等领域的发展，建立起一种具有指导性的长效机制，增强地方政府对持续发展的信心。

五、引领合力作用

（一）引领合力作用的基本内涵

从历史发展和现实分工来看，融资基本分为三类，即财政融资、信贷融资、证券融资。它们各自的功能和规则不同，三者之间有着内在的关联性，但不能互相从属，也不能互相损害和抵消，需要处理好三者之间的相互关系，充分发挥出整体合力。开发性金融就具有这种引领合力的作用。

财政融资是以政府意志为基础，它通过使用预算和政府信用融资的方法来分配资源，实现既定的财政政策目标，并推动社会和金融的基础设施建设。税收收入具有无偿性特征，债务收入具有自愿性特征，但总体上看财政融资毕竟受财政收入规模限制，所能支持的投资领域或工程项目也很有限。

信贷融资以商业银行为主要标志，要求资产安全和本息回流，这就决定了信贷资金主要投向盈利性大、安全性高、期限适中的项目，这也意味着有些项目或领域商业性信贷资金不会进入。此外，信贷融资虽然融入了市场原则，责任明确，但容易受财政融资观念和方法的侵蚀，而且责任链条和追索期限太长，信息不对称，信贷融资面临着诸多风险。

证券融资主要包括股票、债券，并以此为基础进行资本市场运作。与信贷融资不同，证券融资是由众多市场参与者决策，把将来的风险现在就予以暴露和定价，实现风险共担。虽然证券融资代表着融资市场的发展方向，但当前我国的资本市场尚不完善，证券融资占比很小，这一融资方式的功能有待于进一步开发与释放。

在这种情况下，最为现实的选择是充分发挥各种融资方式的优势，而开发性金融机构由于其特殊的地位，可以发挥引领合力的作用。首先，开发银行以信贷融资为基础，跨越了信贷和证券两种融资领域，实际上是一个债券银行，一个从事长期融资业务的批发银行，它不是以利润最大化为唯一目标，更多的是追求社会发展目标，比如市场制度建设、西部开发，东西部均衡，城乡差别消除等，可以有效弥补财政融资的不足。

其次，开发性金融与商业金融之间的关系，不是互不相容，而是互相补充。以基础设施领域的建设为例，这些年通过国债、开行的投资，以及地方信用体系的建设，基础设施领域的部分市场已开始步入良性循环，市场化程度得以提高，商业银行的资金开始大量进入。另外，开发银行拥有管理和技术方面的人才优势，在项目评审上，技术力量较强，评审委员会内多为行业专家，风险控制力量强，与商业银行有互补性，可以做到利益共享。

（二）引领合力作用的实现

就国家开发银行多年来的实践而言，它根据三种融资方式的内在规律，坚持多层次地与各级财政形成联动关系，推进所投资项目尽早发挥效益。这四个层次分别为：

第一，以中央财政为主，主要用于跨省区的铁路、公路、民航、交通基础设施、大型水利水电及一部分环保项目，基本方式是国家根据需要与可能，逐年投入财政或国债增发资金及地方资金，把需要多年才能办成的事适当提前完成，通过先行建设，再逐年还贷，在确保防范金融风险的前提下，更好地促进了经济与社会的发展。

第二，以地方财政为主，主要用于城市基础设施项目。基本方式是以地方政府为背景，以每年地方财政预算建设费用和各种规费收入为还款来源，以政府确定的法人机构确定合适项目，统一向开发银行贷款，并由同级人民代表大会予以批准，向开发银行统筹还贷，贷款期限可适当延长。

第三，以普通贷款为主，主要用于地方特色经济的工业和农产品项目。其基本方式是开发银行与当地商业银行合作，在严格挑选项目的基础上，国家开发银行向商业银行批发贷款，由商业银行具体落实和承担还贷。

第四，对石油、天然气等大行业的项目而言，国家开发银行则按正常风险原则提供长期贷款，行业收益成为还贷资金来源。

通过以上四个层次上的开发性金融实践，政策性金融机构可以将财政资金、商业银行信贷资金以及证券融资资金等多方面力量融合起来，有效发挥其引领合力的作用。

（三）引领合力作用的积极意义

我国经济发展与金融发展存在脱节的现象，市场及制度体系不健全，信用体系缺损严重，是诱发金融风险的重要原因。比如，基础设施建设成为当前经济发展的热点，每一家商业银行都在争取为其贷款，这本身一点都不奇怪。但如果只去抢项目、图盈利，而没有人关心市场及制度建设、社会信用体系建设，将会积累相当大的信贷风险，不利于经济社会的健康、快速、协调发展。

近些年来交通部门由于腐败倒下去很多领导干部，这就说明制度建设的严重缺损，如果不改变这种状况的话，将有相当多的商业银行被套进去，最后受损的一定是百姓和国家。从这个意义上说，开发性金融的任务就是用自己良好的资产质量，去覆盖这个脱节的中间领域。通过开发性金融活动，真正将市场和制度建设进行到底，在实现银行自身盈利的同时，为突破我国融资体制的瓶颈探索出路，达到“双赢”的效果。

此外，开发性金融机构利用自身优势通过与政府加强合作，将政府的组织优势转变成信用优势，使得企业不敢不还款，最后让企业，特别是让各级企业的领导人明白，还款不仅对银行有利，也不仅对政府有利，最终是对企业自身有利。通过这种现实教育，既保证了信贷资金的安全，又能促进信贷市场的成熟、信用体系的完善。

更重要的是，像三峡工程这样重大的基础建设项目，商业银行不会积极介入的。这时，开发银行不但应该积极介入，而且还要责无旁贷地担当起“主力银行”的作用。而在工程中后期时，又为商业银行的信贷资金以及证券融资资金的进入创造了良好环境。

当然，我国还是一个市场发育程度不高的国家，开发性金融也处于初期发展阶段，但已经显露出勃勃生机与活力。展望未来，我国正面临着全面建设小康社会的机遇和挑战，政策性金融具有广阔的空间，通过开发性金融作用的有效发挥，弥补财政不足，协调商业性金融发展，开展市场竞争，有利于国家财政、政策性金融机构、商业银行、资本市场在实践中各展所长、共同合作、协调发展，最终有利于我国经济社会的健康、快速、可持续发展。

第4章 农业领域政策性金融体系的构建与完善

在我国政策性银行改革的过程中，社会各界对于政策性金融的理解、进而涉及政策性金融存废等问题，进行了热烈讨论，形成了各种不同的观点，并对政策性银行的深化改革产生了实质性影响。无论是从理论上看，还是从国际经验上看，农业领域政策性金融的力量不可以弱化。如何根据中国的实际情况设计完备的农业领域政策性金融框架体系，非常值得探讨和研究。

第一节 农业政策性金融的概念和职能

一、农业政策性金融的概念

农业政策性金融，是以政府发起和组织为前提，以国家信用为基础，以配合、执行政府农业和农村产业政策、区域发展政策为主要目的，不以盈利为主要目标，在农业及相关领域从事资金融通，支持、保护农业生产，促进农业、农村经济发展和农民增收的一种特殊的金融行为和金融形式。农业政策性金融机构的涉及范围不仅仅简单局限于农、林、牧、副、渔业，还涉及农村的其他产业，服务的对象主要是农民、农村和农业。

二、农业政策性金融职能

农业政策性金融的作用主要是直接扶持农业生产、支持农产品价格。

对农业生产的直接扶植主要是通过发放大量的低息贷款，利用财政扶持农业生产保险及其相应的专业性辅助和服务，增强农业发展后劲，改善农业生产条件，降低农业生产成本，分散和化解农业巨灾风险，提高农业的综合竞争力；对农产品价格支持是农业政策性金融机构通过发放低息贷款，支持农产品的收购和储备，以平衡农产品市场供求，稳定市场价格，防止“谷贱伤农”，保护农民的生产积极性。农业政策性金融在扶持农业发展的过程中可以发挥以下三种职能。

（一）政策性职能

农业是任何国家的基础性产业，更是弱质性产业，因而需要政府以贯彻国家农业发展政策为基本出发点，通常以优惠的利率水平、贷款期限和融资条件对国家政策支持发展的农业项目和地区提供资金支持。由于商业性金融介入农业领域的意愿较低，政策性金融应发挥主体或主导性功能，而不是补充商业性金融的不足或纠正其某些偏差。

（二）引导性功能

引导性功能是指通过农业政策性金融机构的资金投放，吸引商业性金融机构对农业项目和农村基础设施等领域的金融支持，从而对政策扶植项目的投资形成一种乘数效应，达到以较少的资金推动更多的资金投入需要扶持的领域和项目的目的。一般说来，政策性金融机构对处于成长前期、发展前途不明的重点产业先行投资，表明了政府对这些部门的扶持意向，从而增强了商业性金融机构的投资信心。另一方面就是政策性金融进入农业产业薄弱地带进行先期开发，等项目发展成熟可以适时退出这些项目留给商业金融进行后续开发，为商业性金融进入农业领域创造良好的条件。农村政策性金融机构通过发挥这种“领头羊”作用，促进国家农业产业政策的顺利实施，提高了整个农村经济投资效益。

（三）补充性功能

主要是补充完善商业性金融的功能，表现在两方面：一方面，对技术、市场风险较高的农业领域进行补充性投资，对投资回收期过长的项目及低收益的基础设施补充性投资；另一方面，直接对风险项目、低收益项目、低资信农户融资，间接地对农民信用形成担保，以引导商业性金融机构对其融资。农业政策性金融在提供低利率、长期限贷款的同时，在担保上也给予一定的优惠，使农户在资金短缺的情况下，获得金融支持的可能性增加。

第二节 农业政策性金融存在的必要性

农业政策性金融作为扶持农业发展一种特殊金融活动，在各国的金融体系中都占有重要的地位。一方面，贯彻和配合国家的农业产业政策，为农业提供稳定的资金来源，通过政策性融资活动扶持农业发展；另一方面，弥补由于市场失灵造成的商业性融资在农业产业领域严重不足，促进农业和农村经济的可持续发展。

一、农业的特殊地位决定了农村政策性金融存在的必要性

我国“三农”问题（农业问题、农村问题、农民问题）的存在具有其深刻的历史背景和社会根源，从完善农业政策性金融体系入手解决这一难题，对于推进农村经济建设与统筹城乡发展具有非常重要的现实意义。

（一）农业在国民经济中具有战略性和基础性地位

在经济体制改革与发展的重要时期，我国农业与农村经济正面临着市场化、国际化的双重考验，农业生产方式也正在经历着历史性变革。为迅速提升我国农业的国际竞争力，实现农业与农村经济的战略性调整，必须将建立健全农业政策性金融作为国家经济发展和金融体制改革的重要任务，以实际行动落实科学发展观，从整体上构造农业政策性金融，调整与完善农业金融体系的发展战略。

（二）支持农村经济发展与解决“三农”问题的重要工具

我国地域辽阔，人口众多，地区间经济发展差异较大，在市场经济发展的初级阶段，国家财力还十分有限，必须高度重视和加强政府对市场的引导和整合作用。通过政府的有效干预解决市场失灵问题，建立健全农业政策性金融体系，使农业政策性金融真正成为政府支持农村经济发展，解决“三农”问题的重要工具，充分发挥政府在农业经济管理方面的功效。

（三）金融业自身改革与发展的客观要求

在解决“三农”问题的过程中蕴藏着国民经济持续快速发展的新的增长点，创建新的农业政策性金融体系也是金融业自身改革与发展的客观要求，对于健全和完善农村金融制度，进一步开拓农村新的服务领域，推动农村经济的增长与发展，将起到积极的作用。

二、市场经济的失灵客观需要农业政策性金融

（一）市场经济失灵的存在

我国的改革目标是要建立社会主义市场经济体制。在我国当前经济发展过程中，民营经济自我发展能力较低，再加上市场经济体系本身也不健全，市场经济机制尚不完善，市场失灵成为普遍而且突出的问题。因此，政府不仅要解决由于市场缺乏而导致市场协调不足的问题，也要克服市场失效引起的协调失效问题，还要解决非市场协调失效的问题。

（二）政策性金融可以弥补市场失灵

政策性金融就是为了实现某些社会政策目标而建立的一种特殊的金融组织形式，是国家通过建立这种特殊的金融组织对市场进行干预和弥补的一种方式，即通过实现资金资源的分配和利用，实现对公共产品形态或资源形态的分配和利用，这是一种在市场失效或失灵领域弥补缺陷的手段。这些领域主要是指那些私人经济不愿或无力进入的投资规模大、资本密集、投资回报周期长的高风险产业部门，因而需要政府干预和补充。政府运用政策性金融的力量，或有效地平抑周期性的经济波动，或解决国民经济发展不平衡的问题等。

（三）农业的弱质性导致市场失灵情况的存在

农业生产和经营具有高风险、低收益的特征，商业性金融对农业的投入意愿较低，农业自身积累比较低，远远难以满足自身发展的需要。由于农业生产条件的薄弱性，农业迫切需要稳定的资金改善经营条件，这就需要专门的农业政策性金融为农业生产和经营提供稳定的资金来源。总之，发展农村经济，增加农民收入，不能仅仅只依靠财政资金，而且需要政策性金融资金的投入和支持。

第三节　我国农业政策性金融体系的构建思路

当前，解决我国“三农”经济问题，关键在于发展农村经济和增加农民收入。此外，新农村建设在商品流通、工业企业建设、农村道路以及住房改造、农村水利、大型设备建设和购置等方面，都离不开资金及其汇兑结算网络，而这只靠财政资金是远远不够的，客观上需要金融资金的投入和支持。我国农村地区尚处于经济欠发达状况，农业对政策性金融的依赖较大，因此急于对农业政策性金融进行商业化改革也是不合乎客观规律的。

从现实情况看，由于农村金融资源贫乏、金融生态环境不好、经营亏空等问题的存在，工行、中行、建行三家国有商业银行已从农业占主导的县域撤出，留守机构也只是吸收存款，形成农村资金大量外流、“三农”投入严重不足的局面。而具有政策性金融职能的农业发展银行，无论在机制、体制，还是功能和业务范围等方面，对农业的支持不够深入、有力，政策性金融的作用没有充分发挥出来。主要表现为：支农广度不够，主要支持传统的粮油流通领域，对于农业科技、渔业、生态环境等方面的贷款受限，支持范围狭窄；支农深度不够，主要支持传统粮油产业化和加工企业，贷款主要限于农业的产后服务，产前、产中涉及不够；支农力度不够，农发行的资金主要来自于中央银行再贷款、发行政策性金融债券、企业存款和财政性拨款等，资金规模较小，特别是基层农发行，主要支农资金靠上级指标，受资金局限，农发行贷款规模难以有效扩大。

综上，在我国广大的农村领域，不仅商业性金融很薄弱，政策性金融也很薄弱。这种“双薄弱”的制度安排存在严重缺陷，已不仅是依靠通过业务范围的扩大、现有体制下的机制转型就能解决的，必须以创新的观念和方法重新构建适合我国国情的农业政策性金融体系。我国农业政策性金融改革不能只注重机构的存在形态，更要注重农村经济对金融资源多层次、多元化需求和农村政策金融制度整体功能的发挥。我国农业领域的政策性金融应是一种制度、一个体系，而不是某一个机构，它的完善包括现有农村政策性金融机构改革和重新定位、农业政策性保险机构和农村信用担保体系的建立等一系列综合改革。

一、加强和完善农业发展银行的政策性金融职能

在目前农村金融环境不健全、农村资金大量外流情况下，农业发展银行应该发挥政策性银行引导作用，引导商业性金融回流农村。通过政策性金融发展农业，把基础设施等环境因素结合起来，使得农业经济发展的条件得到改善，使大家认为发展农业也有利可图，这样商业性金融自然就进来了。因此，农业发展银行应该在支持“三农”发展中发挥先锋带头作用，凡是商业性金融不愿介入的地方，正是需要政策性金融代表国家扶持的地方。

（一）扩大政策性金融的职能范围

农业发展银行成立以来，一直把为国有粮棉企业提供贷款作为其主营业务。随着粮食流通体制改革的不断深入，市场全面放开，农业发展银行到了必须重新定位的时刻了。在巩固粮棉油收购等政策性业务的同时，政策性业务范围应由传统的流通领域扩展到生产领域，为农业和农村经济的发展提供全方位的服务，为农业生产和农业结构的调整提供资金支持和技术服务。只有在农村的政策性金融供给较为充足的情况下，合作金融的发展才会有好的环境，商业性金融也才敢进入。

（二）政策性资金的商业化运作

政策性银行的资金不同于政府财政资金，虽不追求利润最大化，但也不能视同于无偿拨款，更不能不讲求效益。既然农发行的业务对象和业务范围只局限于农业这个弱质产业，而解决好“三农”问题是国家的一个首要任务，应当将农发行的业务开展模式定位为政策性资金的商业化运作，既区别于纯商业性金融，又区别于纯财政性资金，在资金来源、资金投放、坏账处理、监督管理、责任追究等方面应当有特殊、专门的政策规定。此外，还可尝试将国家和地方的一些财政支农资金、项目配套资金、行业扶持资金等改无偿拨付为委托农发行贴息或低息投放，或与农发行的信贷资金投放配套拨付，从而相对减少农发行信贷资金的风险。

（三）建立科学、完善的现代银行制度

目前，农业发展银行虽然单位性质是企业，但是内部行政色彩浓厚，需要建立健全完善的法人治理结构和现代银行制度。从监管架构角度看，

无论是监管的机构，还是内容、形式和手段都十分欠缺。可以在改革的过程中借鉴商业银行成功的管理经验，同时借鉴国内外政策性银行经营和改革发展的经验，探索出一条适合中国特色的现代政策性金融企业制度，在改革和发展的过程中将自身的经济效益和社会效益统一起来，增强农业发展银行的可持续发展能力和竞争力。

二、建立政策性的农业保险体系

（一）建立农业保险体系的理由

“三农”保险的“先天不足”，必然要求政府的“后天调整”。首先是因为农业是国民经济的基础，实行以财政为后盾的农业保险是国家扶持农业发展的政策之一；其次是农民的经济承受能力不足，农业保险经营难度大，几乎不可能取得利润。在商业保险不愿承办，客观上只能采取政策性保险的办法给予解决。建立农业保险体系、完善多层次的农业巨灾风险转移分担机制，具有经济补偿、资金融通和社会管理功能，是市场经济条件下风险管理的基本手段，是社会保障体系的重要组成部分。可以说，农业政策性保险以服务“三农”为目标，产品开发的对象是风险大、涉农企业或农民个人无力全部承担的保险产品，承担补偿农业和农村经济发展风险的重大损失责任。这样，农业发展银行的信贷投放就又多了一个“保护神”。

（二）建立农业保险发展的长效机制

具体包括：加快农业保险立法进程，完善相关制度，为农业保险健康发展提供法律保障；完善保费补贴政策和补贴资金管理办法，稳步扩大试点范围，逐步扩大保费补贴品种并提高补贴比例；加大农业保险税收优惠政策；在完善农业保险制度的基础上，研究推动建立中央财政支持下的农业保险巨灾风险分散机制，实现农业保险可持续经营；建立完善农业保险监管体系，以提高保险服务质量为核心，做好投保农户的权益保护工作等。

（三）发展农业保险应该坚持的原则

第一，农业保险要体现以人为本，以维护农民的根本利益为取向，开发直接关系农民生产、生活的保险产品，着力解决农民的实际困难，切实发挥农业保险的支农作用。

第二，通过降低费率扩大覆盖范围，制定合理的差别保险费率和财政补助比例，降低保费支付成本，以调动广大农民和农业企业的参保积极性，不断增加农业保险险种和扩大参保对象。

第三，政府引导和支持、保险公司市场化运作、农民和农业企业自愿参保和强制参保相结合。保险公司要按照市场规则经营，并对农业保险分险种建账、单独核算、以盈补亏、封闭运行，按照规定并结合农业保险各险种特点和银行信贷与农业保险互动的要求，确定自愿参保和强制参保的对象，保障广大农民合法权益和生命财产安全，促进信用体系建设。

第四，建立由中央政府牵头、地方政府参与的农业大灾风险分散机制。一旦发生大灾风险，对于超过一定损失的超赔部分可由中央财政、地方财政以及保险公司按照一定的比例分摊。另外，保险公司也可以通过共保和购买再保险等商业途径分散风险。

三、构建农业信用担保体系

农业信用担保体系的构建宗旨，一方面，为了增强金融机构的授信能力，协助担保能力不足的农民或农村企业获得资金；另一方面，分担涉农金融机构的放贷风险，鼓励其发展农业放贷业务。可以说，农业信用担保是贯彻“三农”政策和解决“三农”问题的需要，也是农户、农业企业发展的迫切要求，它的建立将为金融资金投入农业和农村开辟通道。

（一）构建全国性的农业担保及再担保系统

担保及再担保系统是我国农业信用保证体系的核心系统，也是缓解当前我国农村金融缺乏担保物品的关键所在。我国的农业信用担保及再担保系统的实施，具体可在由中央、省、市以及县四级政府的主导下成立不同级别的担保公司，通过不同层次的担保及再担保体系，最大程度地分散农业信用担保风险。而各级担保公司的出资，也可在各级政府的主导下，由各级政府为主要出资人，并采取各种激励优惠政策，吸引社会资金及农户资金进入担保公司：一方面，可以减轻政府全额出资的风险和资金压力；另一方面，也可以通过不同的社会出资人搜集被担保人的信用、经济信息，从而分散农业信用担保风险。

（二）构建农业金融信用担保辅导系统

我国的农业信用担保体系应该具有农业金融信用担保辅导系统。该系统主要任务有：帮助采取农业信用贷款融资的涉农企业或者农户加强财务监督与管理和采取信用贷款方式融资的项目的技术支持等；农业信用保证业务的推动指导以及人力资源发展的辅导等，包括教育、培训、金融业务的学习、资讯提供、内部激励、发放证照以及外部评比奖励等。

第四节　改革我国农业领域政策性金融体系的政策建议

一、职能定位

农业政策性金融体系的健康运行必须有明确的指导原则与职能定位。以农业发展银行为例，自成立至今，政府对其职能的定位一直在随着社会背景不同而发生改变。2006 年中央一号文件将农业发展银行职能定位在“建设社会主义新农村的银行”，却未对其所有制和经营做出明确的界定。而今，农业发展银行正在进行市场化改革，在商业化的道路上越走越远，政策性色彩越来越淡，其结果将是商业化业务很难取得真正的成功，而政策性业务却逐渐逼近失败的边缘。鉴于此，农业政策性金融机构不应将其职能定位于商业化业务的开展上，而应精于政策性职能的完善和扩展，并围绕其政策性职能的有效发挥，建立完善一套科学、现代化的管理制度与政策支持框架。

二、资金来源

我国农业政策性金融面临着资金来源和使用规模不匹配的问题，这主要是因为随着农村经济的发展，对资金需求的规模在逐渐扩大，而农业政策性金融的资金来源不能够满足这种需要。如何解决资金来源问题已经成为农业政策性金融发展的当务之急。

农业政策性金融应该由政府主导，资金来源主要靠政府出资，同时发行债券。可以考虑在债券市场面向社会投资者发行金融债券；也可以充分利用银行间同业拆借市场，调剂资金头寸；通过对政策性金融机构的合乎规定的资产进行打包证券化以此增强资金的流动性；充分利用国际政府援助和国际经济金融组织的贷款。

另外，农业政策性金融可以考虑把邮政储蓄在农村中吸收的大量存款当作农业政策性金融机构的资金来源，这样不仅解决了农业政策性金融机构的资金来源问题，同时也避免了邮政储蓄大量从农村吸收存款用到城市的“虹吸效应”，可谓一举两得。

三、资金使用

我国农村经济的实际情况要求农业政策性金融机构的资金运用包含政策性贷款、政策性投资和政策性保险等多个方面。同时，还需要与农业银行、农村信用社、村镇银行和国家开发银行等对农业的金融业务形成合力，共同推动农村金融体系的改革与发展，促进农村经济发展与社会进步。

在农业政策性金融业务开展过程中，应根据资金来源不同，决定其资金投向及其相对应的财政补贴或优惠政策。对于具备一定盈利性的投资领域，比如农产品研发、农村工业投资等，财政补贴额度或优惠政策支持力度可以适当降低；对于纯政策性的金融业务，没有盈利和可回收性，应适当提高财政补贴额度或优惠政策的支持力度。

四、监管体系

由于政策性银行主要是为了贯彻政府产业政策和社会政策，服从服务于宏观经济目标，因此，在资金使用上需要接受财政和相关部门的监管。在政策性金融的监督管理体制中，明确财政部的主导地位和作用。政策性银行法或条例制定后，监管部门应依法监管。在监管形式上不断完善监管手段，如聘请审定政策性银行的外部审计师；注意报表审查与重点专项现场检查相结合；充分运用现代科技建立科学的信息收集处理系统；建立定量和定性相结合的金融评价体系。

五、评价标准

农业政策性金融是为农业生产和农民增收服务的，其主要业务包括：在生产领域内支持基础设施建设、支持特色农业、支持调整农业结构等；在流通领域帮助农产品收购和农产品出口；发放农户小额信贷扶贫和帮助农民增收；为农户和农村企业提供贷款担保和农业保险。这些业务都是农业政策性金融必须做到的政策性业务，这些业务往往盈利很低甚至谈不上盈利，如果用商业化的标准来衡量，政策性金融就应该将资金撤出这些领域，转而投向盈利较高的业务，这样农业政策性金融就失去了政策性的意义。政府在衡量这些业务的绩效时应该以是否实现其政策性目的为标准，对不能盈利的业务要给予补贴，同时确保政策性业务资金不被用于商业性业务。

六、政策性金融立法

以法律为依据是各国发展农业政策性金融最为重视的原则。国外政府和立法当局普遍重视农业政策性金融的立法工作，对应农业政策性金融都有相应独立完善和系统的法律法规。在法律中明确规定各农业政策性金融机构的地位、业务范围或领域、资金来源、资金运用、组织机构等，既确保了农业政策性金融机构经营的稳定和规范，同时也有利于政府的宏观管理。

第 5 章

农村信用社改革与农村金融组织创新

我国是一个农业大国，农民增收、农业增长和农村社会发展对于我国现代化进程具有重大影响。从 20 世纪 90 年代中期开始，“三农”问题日益凸显。1998 年四大国有商业银行从县及县以下区域逐渐撤离后，农村信用社（简称农信社）被赋予“农村金融主力军”，并成为正规农村金融供给的垄断者。但是由于产权不清、法人治理结构不完善、管理体制不顺、资产质量差以及历史包袱沉重等原因，农信社难以担当农村金融主力军的地位，使农村金融成为制约农村经济发展的“瓶颈”。近些年来，我国政府启动了新一轮农信社改革，如何评价与认识我国当前的农信社改革，新的改革能否解决农村信用社自身发展和支持“三农”融资的问题，如何进一步推进与完善农村金融组织创新，这些都是有待探索的重大现实问题。农信社改革的天津模式，对于推进农村金融组织创新具有很好的启示与借鉴意义。

第一节　农村信用社改革的天津模式

2005 年 6 月 30 日，天津市农村信用合作社联合社挂牌成立了全国第一家省级农村合作银行——天津农村合作银行，注册资本金为 5. 0387 亿元，属于“立足社区、面向农户、面向民营私营中小企业和个体工商户城镇居民”的社区型零售银行。

在法人架构方面，选择两级法人模式。在市一级，将天津市农村信用合作社联合社改革为天津农村合作银行。在区县一级，将经济比较发达、城乡一体化程度较高区县的经营效益与资产质量较好、管理相对规范的农村信用社改制为区县统一法人的农村合作银行，如东丽、津南、西青、北辰、塘沽、大港等区的农村信用合作社联合社；短时间内不具备组建农村合作银行条件的区县农村信用社分别改制为区县统一法人的农村信用联社。

在这次改制中，天津农村合作银行引入了40多家民营企业的股份，占总股份的48%左右。此外，12个区县合作银行（联社）持有50%股份，另有2%为内部员工股。这些企业股份的加入有利于增强对经营班子的监督，形成一种新的互相促进、互相制约的法人治理结构。这种模式既具有合作制中一人一票的特点，又具有“按股表决”的股权特征，实行“按股分红，一人一票”（见表5－1）。

表5－1　天津农村合作银行股东数量汇总表

（截至日期：2006年12月31日）

股东类别	股东数量		入股金额（万元）			
	户数（户）	占总户数比例（%）	资格股	投资股	合计	占股金总额比例（%）
区县联社	12	6.25	120	26130	26250	48.46
企业法人	32	16.67	320	25258	25578	47.22
内部员工	141	73.44	141	2169.75	2310.75	4.27
社会自然人	7	3.64	7	23.45	30.45	0.05
合计	192	100	588	53581.2	54169.2	100

资料来源：天津农村合作银行2006年经营报告。

在天津模式中，农村合作银行具有两种不同的职责，即业务经营与行业管理职责。一方面，12家区县合作银行（联社）作为股东，对天津农村合作银行享有股东的各项权益；另一方面，当天津市农村合作银行行使政府授权的行业管理职能时，各区县合作银行（联社）又必须服从管理。在此基础上，天津农村合作银行不断完善法人治理结构，建立起决策、执行、监督相互制衡和激励约束相结合的经营管理机制（见图5－1）。

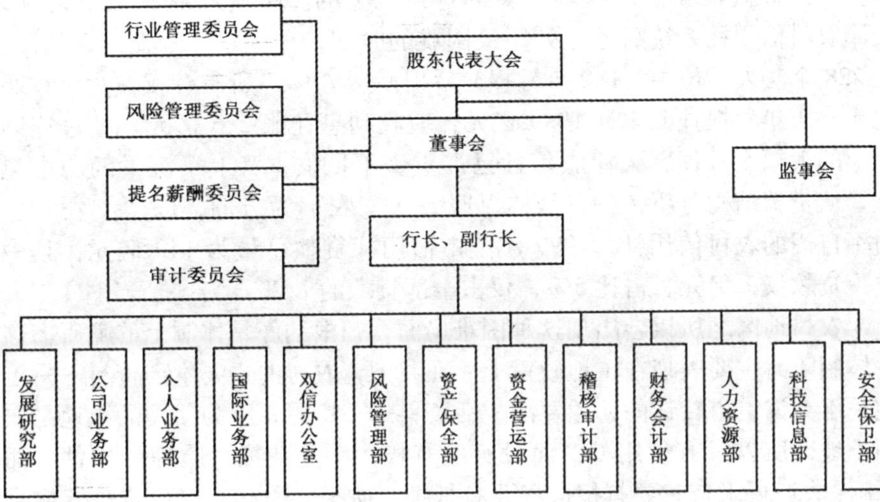

图 5－1　天津农村合作银行组织架构图

截至改革后一年的2006年年底，天津农村合作银行存款余额达到48亿元，发放贷款32亿元，其中农业贷款的发放额度占全市农业贷款的90%以上，为天津农村经济的快速健康发展和农民增收做出了积极贡献，取得了显著的经营效益和良好的社会效益，已经成为天津金融行业的支农主力军。

第二节　农村信用工程的萌芽与发展

天津市是“大城市小农村”的经济格局，全市1100万常住人口中农村人口400多万，户数110万。农业占全市GDP的比例为3%，农村人口总收入占全市GDP的比例为13.3%。从以上数据不难看出：一是农民是国民经济中不可忽视的力量，农村人口收入是全市GDP的重要组成部分，存在较大的资金需求和市场空间。显然，农户还是大有市场的，农信系统应该大有作为。二是农民已不再是传统意义上种养业的农民，而是早已非农化的私人企业主、个体工商户为主体的新型“农民”。

而天津农村信用工程的萌芽与开展主要是基于扭转农信社亏损，有效解决农户贷款难和信用社难贷款的背景之上的。2000年联社成立之初，天津农村信用社系统财务正处于最困难的时期，全年累计亏损4.5亿元，在228个法人单位中，180个亏损，亏损面达79%，所有者权益为-1.96亿元，历年亏损挂账累计10.9亿元，应收利息挂账2.6亿元。经过连续几年的大幅度亏损，天津农信社已严重资不抵债，背上了沉重的历史包袱。从贷款结构分析，一直号称以服务“三农”为方向，以“支农”主力军自诩的农村信用社，1999年全市信用社贷款总量为140亿元，其中农户贷款仅7亿元，占比5%，仅占全部贷款的1/20。

农村地区之所以会出现这种困难局面，归根结底是体制上的障碍。这种体制障碍主要表现在土地政策上。在我国，农村的主要生产资料——土地是不允许上市转让的，主要的生活资料——房屋，因为使用的土地是农用土地，所以只有使用权，而没有所有权，不具备抵、质押的条件，而《担保法》要求贷款要有担保或要有抵押、质押。因此，农户贷款意愿难以得到满足，贷款难成为制约农民、农业发展的非常突出的问题。同时，出于自身发展和“支农”方向的需要，信用社迫切需要拓展市场空间，但受到风险控制等方面的制约，难以对农户大量发放贷款。于是，在农村地区形成了农民贷款难、信用社款难贷以及农村信用环境缺失的“两难一缺失”局面。

事实上，农户具有可以承担无限责任，生命周期长，不易迁移、信用较好等特点，可以发放信用贷款，而且农户本身有着强大的资金需求。因此，从2000年开始，天津农村合作银行在蓟县下营镇小平安村，针对农村旅游业开办了小额贷款试点，推行了评定信用户、发放农户小额信用贷款和联保贷款以及创建“信用村”工作。当年向110户农户发放小额贷款280万元。一年后，这批贷款100%的还本付息。可见，农户是讲信用的，它们的信用诚实守信状况不比企业差。“人死债不烂”、“父债子还”说的就是这个道理。只要组织得当，加以正确的引导和约束，贷款的风险是有保障的。

2001年后，天津农村合作银行开始了农村信用工程建设试点工作。主要做法是：一是以信用社为单位，由信用社、乡镇政府与村两委、社员代表三方组成“三位一体”的信用农户评定小组。评定小组组长由信用社主任担任。二是评定小组以行政村为单位，主要依据农户的个人信誉，信用状况相同的情况下综合考虑还款记录、所从事的生产经营、经营能力、偿债能力等指标，对申请农户进行信用等级评定，并对评定结果张榜公示。三是根据信用农户的信用等级、当地农村经济状况、农户生产经营收入等确定6万元、4万元和2万元不同授信额度（现调高到12万元、8万元和3万元），并核放贷款证。四是对信用农户有效期间内，授信额度内的资金需求信用社承诺：合理调度资金，确保资金供应；随时到信用社办理贷款，不增加任何复查内容、保证条款和费用；小额贷款采取“一次核定、随用随贷、余额控制、周转使用”的管理方式；实行利率优惠。首年，全部信用农户贷款利率按照现行利率标准下浮10%，在信用农户全部履行承诺的前提下，一年后贷款利率再下浮10%；以此标准，直至中国人民银行规定的基准利率为止。

经过几年的努力，通过组建箱式信用共同体①、伞式信用共同体②、特殊联保体③等形式，现已共建农户档案31万户；信用户16万户；发放贷款证15万本，贷款授信额度为61亿元；农户贷款余额130亿元，占全部贷款余额的30%以上。小额农村贷款的顺利发放，有力地推动天津市的农业发展，农民增收和农村社会进步。同时，农村合作银行的经营状况也得到决定性的改观，取得了经济效益和社会效益的“双赢”。

---

① 2003年创建的东丽区大毕庄物流货运中心信用共同体是全市首家“箱式”信用共同体。东丽区大毕庄信用社坐落在城乡结合部，该社将坐落在辖区的天津市物流货运中心，视同一个行政村，在该中心管委会的支持下，由物流中心和信用社及商户代表共同组成评定小组，对该中心内经营的230家商户逐户进行评定。当年评定信用商户118户，并根据不同的信用等级分别确定30万元、20万元和10万元不等的授信额度（目前最高授信额度为100万），当年发放110户，贷款余额3162万元。同时，大毕庄信用社还在该物流中心设立了营业网点，安装了ATM机等自助设备，为商户和中小企业提供金融服务，成为了名副其实的“社区零售银行”。截至2007年5月末，共评定信用商户312户，发放贷款52户，余额8895万元，吸收存款1.5亿元；三年来累计对312户信用商户发放贷款2.1亿元，户均67万余元，贷款本金、利息收回率达100%。通过信用共同体建设，物流中心也得到了快速的发展，商户由最初的190户发展到近500户，经营规模和效益取得长足的发展。实践证明，这种贷款，对物流中心、商户以及信用社都产生非常大的效益。

② 2005年11月28日建立的鑫茂科技园区信用共同体就是天津农村合作银行营业部与天津鑫茂科技投资集团合作，在鑫茂科技园区建设的伞式信用共同体。目前该信用共同体已评定商户181户，对48户信用商户发放贷款750万元。

③ 2007年4月14日创立的津南营盘圈村信用共同体就为此种模式，该村由27个信用户组成了5个特殊联保小组，主要从事阀门、暖气片和小型乐器的生产，最高单户授信额度为100万元，有效解决了信用户生产资金周转困难的问题，但作为农村信用共同体授信额度较高，为降低信贷风险，每个信用户根据信用等级自愿拿出不高于贷款金额10%的资金，作为风险保证金，用于出现风险的先行偿付。这种模式受到了当地信用户的极大青睐，虽缴纳了一定比例的风险基金，但从根本上解决了他们“融资难”的问题，为扩大生产规模，加速发展奠定了基础。

第三节 农村合作银行的信贷投向

天津市蓟县农信社通过深化信用工程和加大对“三农”贷款的投入力度，不仅拉动了农民对农业投入的积极性，而且有力地促进当地农业产业结构调整和农民收入的增加，发挥出农村信用社在农村经济发展与新农村建设中的积极作用。通过蓟县“一点”，可窥天津“全貌”。

第一，加大农副产品深加工企业扶持力度。近年来，蓟县信用社重点扶持了能广泛带动农户和充分利用当地资源，使农民增收的龙头企业，如对500户镇天津明星干红酒业有限公司，投放贷款300万元，带动当地千亩葡萄园工程。同时，对玩具、服装加工、食品加工等一批个体私营企业进行重点支持，累计发放贷款4.5亿元，如下营镇天津市蓟县盈利食品厂、尤古庄镇天津市蓬勃油脂有限公司、大潘庄肉牛屠宰基地等一批企业，家乐超市等大型购物中心，使这些企业由弱变强，有效繁荣了商品市场，带动了行业经济的发展。

第二，促进区域规模经济发展。在信贷支持上把资金投向重点放在特色产业上，逐渐实现产业区域化，规模化，全县信用社先后投放信贷资金3.4亿元。重点支持邦均、东二营、白涧三个地区的花卉苗木基地4.7万亩，投放贷款3000多万元，支持桑梓大棚西瓜特色种植贷款900万元，支持出头岭大棚菜、食用菌种植620亩，贷款支持461万元，支持以东赵各庄乡唐坨村为代表的大棚菜21.6万亩，果树面积35万亩，投放贷款8000多万元。目前，这些特色生产基地已经初具规模，取得了一定的经济效益，显示出良好的发展前景。

第三，大力支持旅游经济发展。根据地区特色，突出支农重点。一是以“农家旅游”为切入点，积极推进信用工程建设。仅下营信用社支持农家旅店就达75户，贷款金额达到900万元，特别是有“天然氧吧”美誉的常州村已发展为名符其实的旅游度假村，成为当地旅游经济发展的名星。二是典型带动，规模发展。蓟县联社根据下营信用社信用工程建设的成功经验，先后组织北部山区的官庄、罗庄子、孙各庄、穿芳峪信用社参观学习常州村的发展模式，深化信用工程建设内涵，并在全县大力推广，支持旅游专业村、农业生态园和农家旅店建设，共支持749户，累计发放贷款2928万元，有力地推动了全县山区旅游事业的发展。

第四，有效促进下岗职工再就业。为了帮助下岗职工再就业，蓟县联社积极发放下岗职工再就业贷款，在贷款条件、期限、利息等方面实行优惠政策，减轻下岗职工经济负担，同时积极为下岗职工提供致富项目，解决生产经营过程中的实际困难。目前，联社累计发放下岗职工贷款369笔，金额810万元，帮助一批下岗职工尽快走上了再就业之路。

第五，大力支持个体私营经济发展。近几年来，随着蓟县个体私营经济不断发展壮大，以“做社区型小的零售银行”为市场定位的农村信用社坚持以客户为中心，以市场为导向，及时转换工作思路，积极组织资金，主动上门服务，在原有开展的农村信用工程的基础上积极创建农村信用共同体，在城区努力拓展以“箱式、伞式共同体”为代表的城区信用共同体建设，较好地支持了个体私营经济的发展。

第四节　农村合作银行面临的问题与挑战

经过新一轮的农村信用社改革，天津农村合作银行系统得到了前所未有的发展机遇，同时还应客观、清醒地认识到天津农村合作银行系统依然面临着诸多问题与严峻挑战，并对其有效发挥农村金融主力军的作用形成了多重制约。

第一，天津农村信用社在新一轮改革中选择了以农村合作银行为主、县联社一级法人为辅的模式。这样做有明显的优越性，但是也存在着一定的弊端。就农村合作银行而言，其目标定位仍然是双重的或混乱的。作为资格股的股东要求银行服务最大化；作为投资股的股东，要求利润最大化。政策性目标和商业性目标仍重合于农村合作银行一身，使其难以适从。而且，还不利于形成稳定的股权结构。如果出现大量的资格股的退出，农村合作银行的经营势必受到威胁，甚至会引发流动性风险，导致其关闭。此外，在自然人持股比例较高且高度分散的股权结构中，极有可能出现“内部人控制”，而且难以形成健全的法人治理结构，使得基于民主管理的合作制可能在很大程度上流于形式。

就县联社一级法人模式而言，主要适用于达不到进行股份制改造和股份合作制改造所需条件的传统农业地区。在这些地区，很难募集到股份制和股份合作制所需的最低注册资本金，农村信用社经营状况较差，在遇到金融风险时，容易引发“多米诺骨牌效应”。因此，县级联社一级法人模式能够使县联社在县域范围内自主地调动资金，增加县域范围内抵御金融风险的能力。但是，县联社一级法人模式不但没有摆脱原有体制的弊端，而且还出现了新问题。县联社一级法人有可能违背了农村信用社的意愿，有些盈利的乡镇农村信用社实际上更想保持自己的独立法人地位。实行县联社一级法人后，农村信用社的决策机构离农民更远，代理链条变得更长，收集信息的成本更高，监督成本也会加大。此外，资格股的比例过大导致股权的不稳定，而且无法摆脱法人治理中的“内部人控制”，农村信用社新的机制难以形成。

第二，在新一轮改革中，将农村信用社的管理权下放到省级政府，使得省级政府替代中央政府成为农村信用社的管理者和风险责任人。天津农村合作银行作为代表天津市政府对全市农村信用社管理的机关，就自然担负着行政管理职能。但是，从天津农村合作银行的产权性质看，它是企业，这就使得它兼有行政管理职能和企业职能，如何协调好这两种职能本身就是一个难题。此外，省级政府对农村信用社管理所产生的后果也不容乐观，历史上形成的强大的政府控制力，使得农村合作银行无法同一级政府尤其是省级政府相抗衡，而不得不在很大程度上屈从于省级政府的意志，从而又回归到原有体制中去。在风险管理方面，省级政府和当地银监局职责重叠，有时很难划清省级政府和银监局的具体责任，容易发生扯皮推诿等，不利于农村信用社的风险监管和处置。

第三，根据国务院的农信社改革政策，以农信社 2002 年底实际资不抵债数额的 50% 为基数，中央银行向农信社发行等额专项票据，用以置换信用社的不良贷款。两年期的票据到期后，如果农信社达到中央银行的改制标准,① 可以此票据兑付现金，用以补充农信社的资本金。如果到期时资本充足率和不良贷款率未能达标，可以延期两年；如果两年后仍未达标，中国人民银行将以其不良贷款和历年挂账亏损置换回专项票据。方案实施后，中央银行对兑付方案进行了一些关键的微调，如控制成本费用支

① 要获得实际兑付，农信社或农村合作银行需要达到诸多条件：实行信用社和县联社两级法人体制的信用社资本充足率要达到 2%，实际统一法人体制的信用社资本充足率要达到 4%，农村商业银行或农村合作银行资本充足率要达到 8%；按照“一逾两呆”口径考核，不良贷款率较 2002 年 12 月末的降幅不低于 50%。

出、资本金适用最新的核定方法等，目前的现状是各家信用社很难达到人民银行的兑付标准。为了得到“优惠政策”，地方政府作为农信社的管理者，或置换不良资产，或发动贷款、存款户、员工入股，或政府出面清欠，以达到票据兑换的“硬条件”。这恰恰人为掩盖了农信社在机制、体制上并未发生实质变化的事实。事实上，中央银行票据的兑付条件除了资本充足率、不良贷款，还包括法人治理、经营机制转换、案件处置、成本费用的控制等一系列指标，但各地往往只追求表面财务指标的达标，而对内部机制改革所要求的、很难量化的“软指标”置之不理。因此，我们很难说新一轮的农信社改革已经取得了实质性成功。

第五节　进一步推进农村金融组织创新

截至目前，天津农村合作银行系统在农村金融体系中发挥了重要作用，但依然处于不断改革与寻求发展的历史阶段，距离成为真正的农村金融主力军尚有一段距离。而且，农村金融需求既规模巨大，又多样化。这就不仅需要继续推进天津农村合作银行系统的新一轮改革，而且需要通过其他渠道的改革进一步实现天津市其他农村金融组织的创新，以满足规模巨大、多样化的农村金融需求。

第一，继续推进天津农村合作银行系统的组织创新。我国的农村信用社自成立之日起就具有明显的政府供给、政府控制、政府作为主要投资人的特征。政府的控制，使得农村信用社缺乏自愿合作的基础。政府作为实际上的所有者，也使农村信用社与农民之间成为债权债务关系，而不是投资人关系，农民也从来没有为农村信用社的亏损承担过责任。要么被下放到基层政府，要么隶属于国家银行，根本不存在真正自主经营、自负盈亏、完全独立的农村信用社。如何处理农村信用社巨额的不良资产同产权改革之间的矛盾以及政策性目标同商业性目标之间的矛盾，始终是农信社改革不可回避的两大根本问题。从理论上讲，市场化无疑是农村信用社改革不可逆转的方向，只有市场化才能使农村信用社获得新生与发展。而市场化的农村信用社改革要解决的首要问题就是产权问题，实质上就是通过政府信誉资本退出和民间资本进入实现农村信用社的组织创新。与此相配套，还需要有关金融监管部门，严格市场准入制度，加强和完善金融监管，并建立相应的市场退出机制，建立存款保险制度。

第二，尽快建立健全农业保险制度。农业是一个外部性很强的产业，它的稳步发展不仅可以促进本部门的发展，而且还可以促进其他产业的发展。① 同时，农业也是一个弱质产业，常常遭受各种自然灾害的风险，如何转移农业生产中的巨大风险就显得尤为重要。然而，农业保险在我国的发展却不尽如人意。从目前情况看，由于农业保险具有很强的外部性，一般商业保险公司不愿意承保。所以国家和政府应承担起保障农业保险健康发展的责任，加大对农业保险的政策扶持。一方面，对经营农业保险的保险公司进行费用补贴和税收减免，鼓励其经营农业保险，增加农业保险供给。另一方面，对投保农业保险的农民给予保费补贴，使他们能买得起农业保险，以增加其对农业保险的需求。基于我国农业以家庭生产为单位，种植规模较分散的现实状况，还应在国家的积极引导下成立民间的农业保险互助组织，以区域划分为主，让其自身参与管理。这样农业保险互助组织的参与者既是保险人又是被保险人，他们之间的关系既是合作的关系又是相互监督的关系，从而可以较好地防范农业保险中的道德风险发生。对于关乎国计民生的主要农作物、牲畜等由国家成立专门的保险公司采取强制入保的方式承保。当发生较为严重的风险时由农业再保险公司给予补贴，政府通过特殊的救灾政策给予扶持。这样就形成了一个多层次的农业保险体系，既保证了农业保险的深度，又保证了农业保险的安全性。此外，还需加快农业保险的立法，以法律的形式规范农业保险的经营主体、参与主体、收益主体的权利与义务关系，明确政府在开展农业保险中应发挥的作用和职能，从法律和法规制度上，保障农业保险制度的建立与健全。

第三，针对市场化的农村金融组织实行农村贷款财政补贴制度。农业作为弱质产业，在各国无一例外地都得到政府的扶持。那种“既要马儿跑，又要马儿不吃草”的想法本身就是错误的。政府不能将支持“三农”的义务强加给已经市场化的农村信用社。换句话说，市场化的农村金融组织没有天然责任和义务支持“三农”。在这一次新一轮农信社改革中，政府出台了对农村信用社减免企业所得税的政策，这种支持方式是有待商榷

① 《中国统计年鉴》资料显示，我国农作物每年受灾面积为4600万公顷，占总播种面积的30%左右。大力发展农业保险以规避农业风险，是市场经济条件下保护我国农民利益和实现农业可持续发展的重要保障。

的，因为政府减免税收的数量仅仅同农村信用社的营业收入有关，而与农村信用社对“三农”贷款的数量无关。因此，减免税收的方法显然有失公平和缺乏效率。一个可行的方案是取消对农村信用社的税收减免优惠，由政府财政按照农村信用社给“三农”与非“三农”贷款的成本差异、给企业贷款和农户贷款的成本差异，对农村信用社进行补贴。政府可根据财力的状况，选择不同的补贴对象，设计不同的补贴方案，补贴资金可由中央政府和地方按照一定比例分摊。

第四，探索建立具有真正意义的合作性农村金融组织或其他适应当地经济发展水平的乡镇银行等农村金融组织。合作社是市场经济的产物，是由劳动群众自愿入股，实行民主管理，平等获得服务和其他利益的经济组织和社会团体，是在市场竞争中处于弱势的人群尝试用合作优势来增强自己的竞争地位和改善自己的处境而创立的一种组织形式，体现的是一种自愿、民主、互利的合作关系。我国现有的农村信用社不是真正意义上的合作社，实际成为政府所有的金融机构。在现有农村信用社无法满足多样化的农村金融需求的条件下，通过允许农民以自助、自我负责、平等、公正、团结之价值为基础，遵循合作社“门户开放、民主管理、限制股息、合理分配、重视教育、扩大合作”等原则，组建新的农村信用合作社，不失为一个现实的选择。此外，也可探索成立适应当地经济发展、服务村镇生产生活的村镇银行等新型金融机构。

第 6 章
金融资产管理公司的商业化转型

金融资产管理公司自 1999 年成立，暂定 10 年的存续期限结束后，其改革与发展问题成为监管当局、理论界和广大资产管理公司员工关注的焦点，需要我们结合我国经济社会的进一步发展，研究促进我国金融资产管理公司发展的相关政策措施，以实现从政策性机构向商业化机构的转型。

第一节　我国金融资产管理公司的地位及其使命

一、金融资产管理公司在国民经济和体制转轨中具有重要地位与作用

20 世纪 70 年代以来，成立金融资产管理公司成为国际上防范与化解金融风险的通行做法。1999 年经国务院批准，我国四家金融资产管理公司相继成立，并承担起化解金融风险、盘活不良金融资产以及推动国有企业改革发展的历史重任，在国民经济和体制转轨中发挥出重要作用。

第一，化解银行不良资产。金融资产管理公司专门处置不良资产比商业银行自行消化具有更大优势。除了商业银行传统处置手段外，资产公司还可以综合运用投资银行业务手段，也可对不良资产进行打包处理或与国外投资者建立合资公司共同处置不良资产，较好地保证了不良资产回收的最大化。

第二，推进金融改革。1999 年剥离不良贷款后，国有商业银行不良贷款比例平均下降了近 10 个百分点。同时，资产公司通过向国有商业银

行支付债券利息，进一步支持国有商业银行改善财务状况，增强了盈利能力。2004年以来，资产公司以商业化收购和委托代理方式，接收了中国银行（简称中行）、中国建设银行（简称建行）、交通银行（简称交行）和中国工商银行（简称工行）剥离的近1.2万亿元不良贷款，极大地促进了国有商业银行实施股份制改革。

第三，维护金融稳定。金融资产公司参与了中经开、中创、港澳国际、港澳信托等机构的清算关闭工作，托管了德恒、恒信、中富、汉唐、闽发、辽宁证券等多家高风险证券公司，参与了“德隆系”整体风险处置，为稳定社会秩序、化解金融风险做出过积极贡献。

第四，支持国有企业改革发展。对近500户国有重点骨干企业实施了债权转股权，一定程度上促进了国有企业建立现代企业制度和转换经营机制；实施了国有企业政策性破产计划，主要集中在东北等老工业基地和西部欠发达地区，促使一些劣势企业退出市场，一定程度上促进了国民经济结构的战略性调整和资源的优化配置；支持了企业重组改制，组织实施了郑百文、渝钛白、深中华、七砂股份等一批陷入危机的上市公司重组，辅导推荐了太行水泥、酒钢宏兴、石岘纸业、中铝股份、晋西车轴等一批债务企业的发行上市。

二、金融资产管理公司的存在是我国经济社会发展的客观需要

金融资产管理公司具有独特的生命周期，要比普通金融机构短得多，这是由其自身的性质、任务和法律地位所决定的。尽管如此，这并不必然意味着金融资产管理公司到期就要解散。因为在其处置不良资产的过程中，积累了丰富的知识、人力、组织等金融资源，如何充分地发挥这些资源的作用，具有重要的现实意义。

第一，商业银行业的健康与持续发展内在要求金融资产管理公司的存在。当前，我国商业银行仍处于改革过程中，与发达国家相比，盈利能力和资本充足率都比较低，尽管经过两次不良资产剥离，但不良资产的存量依然很巨大。而且，由于我国社会信用状况和企业产权制度等诸多方面的限制，消除不良资产的诱发因素将需要更长一段时间。展望未来，商业银行业的健康与持续发展内在要求金融资产管理公司的存在。

第二，我国金融资产管理公司的业务特点决定其应存在较长一段时期。我国的金融资产管理公司承担着多重目标，在不良资产处置时首先考虑如何尽量防止国有资产流失，处置手段偏重于债务重组等近期名义回收

率较高、未来损失不能锁定的方式。由于较多采用债转股、债务重组等，债务企业的偿债能力及不良资产最终处置效果是不确定的，10 年期限之后，如果债务企业仍不能偿付债务或破产，仍将需要一个机构来处理与债务相关的问题，那么最合适的机构还是金融资产管理公司。

第三，金融体制改革的长期性与艰巨性需要资产管理公司存在与发展。从市场经济体制建立的长期性方面考虑，市场经济所需要的产权制度、法律体系、社会信用体系、统一市场体系、政府职能转换等仍然存在很大的差距；从经济结构调整的艰巨性方面来看，结构变迁难以在短时间内取得突破，而且还将付出诸如企业“关、停、并、转”等巨大代价；从金融体制改革的曲折性角度分析，一些深层次的问题仍未得到解决，现代金融体制和金融体系的建设在短时间内难以完成；从金融市场发展的健全程度来看，无论是货币市场，或是资本市场，还是保险市场，仍然很不健全。企业融资仍然是以银行融资为主，银行依然承担着巨大风险。市场决定需求，庞大的不良资产的长期存在，决定了资产管理公司长期性存在是必然的。在我国，尚无其他机构能够替代资产管理公司。

三、金融资产管理公司在新的历史背景下仍肩负着重大使命并应作承上启下的积极转型

当前，我国经济社会发展站在了一个新的历史起点上。但一些历史遗留问题、深层次矛盾以及新时期的新挑战，也使得我国金融资产管理公司的生存与发展环境变得复杂而严峻起来。新的历史时期不仅要求金融资产管理公司要生存下来，而且仍赋予其重要的历史使命。

第一，在国有银行改制和不良资产处置进程中建设不良资产处置市场。目前，我国不良资产处置市场仍然是一个很不成熟的市场，可比性差，定价困难，缺乏投资吸引力。在这种情况下，通过金融资产管理公司的市场营销，能够了解市场对不良资产的潜在需求，了解不良资产投资的风险和收益特征，从而能将市场对不良资产的潜在需求进一步转化为实际投资。借助市场营销手段，金融资产管理公司能够吸引越来越多的市场主体参与不良资产市场，扩大不良资产的市场交易深度，从而促进我国不良资产处置市场的发育程度，也将能从根本上提高不良资产的处置效率。

第二，在专业化处置不良资产过程中维护社会信用和防范道德风险。从国际经验来看，通过专业化处置从实体上严格区分银行正常业务与不良资产处置业务，既可将不良资产迅速从表内移出，改善银行的财务状况，

也可防范银行的道德风险和经营风险，还有利于打击逃废债，维护社会信用。从我国的实际情况看，通过资产公司解决不良资产问题，运用专业化手段，最大限度地实现不良资产的价值回收，有助于债务企业的重整再生。

第三，在综合性投资业务开拓过程中完善我国金融体系和市场功能。长期以来，我国金融机构体系中缺少真正的投资银行。资产管理公司具备业务功能广和资源多的双重优势，可通过大力发展企业重组并购、资产处置等现代投资银行业务，在促进我国资本市场发展、实现国民经济结构调整和资源市场化配置中发挥更大作用，而且对习惯于靠行政手段来配置资金资源的地方政府以及缺乏专业化服务的众多企业都有益处。金融资产管理公司向综合性投资业务拓展，有利于完善我国金融体系和市场功能，有助于实现我国经济健康发展。

第四，在经济发展、改革深化过程中实现自身的转型。对资产管理公司来说，剩余资产处置难度大，处置损失的妥当处理、持续发展的资源不足、地区资源和环境差异较大等诸多问题，只有通过自身转型与外部环境优化，才能及时而有效地得到解决。从内部条件看，在经营理念方面，要从任务导向型转向利润导向型。在经营方式方面，要淡化行政化运作色彩。在人员素质、结构和激励约束机制等方面，也需要大力优化完善。从外部环境看，地方保护和企业逃废债现象严重，迫切需要改观。从根本上看，企业逃废债和地方保护的深层次原因是因为资产公司代表国家处置回收不良资产的政策性机构，损失最终全部由国家承担。总之，资产管理公司立足新时期、新使命、新理念，需要积极实现自身的全面转型。

第二节　金融资产管理公司的“一司一策”商业化转型

理论与实践都表明，资产公司在现实中发挥出其应有的作用。对此，是值得充分肯定的。但是，在资产公司原先的政策性使命结束之后，对四家资产公司既不关闭，也不合并，继续予以保留，并逐步向商业化转型发展，是现实可行的选择。

一、金融资产管理公司商业化转型的必要性分析

从必要性考虑，主要有以下几个方面：

第一，向商业化转型有利于形成内在的约束机制。在公司形态上，四家资产管理公司既不是有限责任公司，也不是股份有限公司，这种状况导致其难以建立有效的法人治理结构，一定程度上制约了不良资产处置的速度和效率。资产公司向商业化转型，逐步建立现代企业制度，既有利于在内部形成有效制衡机制，有利于强化资产公司的经营效益观念，变被动为主动通过参与市场竞争发挥作用。

第二，向商业化转型有利于从根本上化解资产公司面临的外部环境差、矛盾多的压力。资产管理公司是政策性的产物，还面临着经营目标多元化、机构设置行政化、经营方式单一化等问题。随着市场化程度逐步提高，资产公司迫切需要改变政策性机构、处置损失承担载体的形象，以独立的、市场化的、自负盈亏的市场主体身份运作，有利于进一步强化信用意识，维护良好的社会信用体系，缓解资产处置过程中的各种矛盾冲突，避免承担不必要的成本和损失。

第三，向商业化转型有利于拓宽金融资产管理公司的生存空间。原因在于，1996 年《商业银行法》实施之后四大国有商业银行已经向现代商业银行转变，之后形成的不良资产一般应由商业银行自行消化。而且随着商业银行外部监管加强、内部治理结构日益完善，特别是社会主义市场经济日益完善，新增不良资产规模必会大大降低，保留与四大国有商业银行一一对应的资产管理公司的基础将大大削弱。现存的四家资产管理公司必须尽快实现商业化转型，开拓不良资产处置以外的业务。只有这样，其生存与发展才有出路。

二、金融资产管理公司商业化转型的可行性分析

从可行性考虑，主要有以下几个方面：

第一，资产公司可以继续发挥一定作用。今后一段时期，改革任务的长期性、经济发展的波动性和不确定性，决定了不良资产处置一定程度上还需要金融资产管理公司继续发挥作用。除国有商业银行改制过程中二次剥离的不良资产需要继续处置外，金融系统内城市信用社、城市商业银行、农村信用社等仍有大量不良资产。此外，国有企业不良资产的化解和盘活，也需要资产公司这样的专业化机构参与处置和化解风险。

第二，人员队伍是一笔宝贵财富。资产公司已经培养锻炼了一批专业人才，积累了丰富的金融资产管理和化解风险的经验，简单关闭会造成资源和人才的浪费，对国家、对事业、对个人都不利。这支队伍人员比较精干，四家公司大数1万人，平均年龄不到40岁，正处于干事业的黄金阶段；文化程度和专业技术水平较高，绝大多数是本科和硕士以上高学历，拥有会计师、评估师、律师、证券保荐人等专业技术资格的员工占比大。这支队伍已经成为我国金融事业中的一支重要力量，应当有效发挥好他们的作用。

第三，未来金融服务市场空间很大。我国金融服务业的深度和广度还远远无法满足和适应市场经济的需要，现有的证券公司、信托投资公司等金融机构存在较大的局限性，市场缺少真正有实力的投资银行，金融服务业的市场前景十分广阔，资产公司实行商业化转型能闯出一条路子来。当然，四家公司情况不同，各有特点，在走向商业化的过程中，不排除个别资产公司由于经营管理的差距，无法适应市场竞争而掉队，难以持续经营。如果出现这种情况，按市场原则进行重组或是予以清算关闭，阻力较小，也便于操作。

三、“一司一策”——商业化转型的基本要领

我国的金融资产管理公司具有继续生存与发展的必要性和可行性，应充分发挥现有的机构、人员、专业技术和经验的作用，向商业化的金融机构转变。但四家资产管理公司如何转型、转向何方，需根据各个公司的具体情况做出判断。自成立以来，四家资产管理公司在不良资产处置过程中，形成了不尽相同的业务经营特色与管理人才队伍。

举例来说，长城公司不良资产“散、小、差、空、乱”等特点突出，主要分布在传统农业、工业和商业等领域，资本金到位率最低，仅为60.8%。相比较而言，信达公司资本金到位率最高，为101.54%。在业务创新方面，长城公司在上市公司重组、资产拍卖、资产重组业务方面创新较多，华融公司在以国际招标、拍卖行竞标、信托等方式处置不良资产创新较多，而信达公司则较深地涉足证券业务与委托理财，对德隆系等金融企业实行了停业整顿与托管经营，先后承担了对中国农村发展信托投资公司等四家金融机构的清算关闭任务，还在招商引资、资产重组、股权拍卖、资产证券化、投资银行等业务方面也有长足进展。

总之，四家公司各具不同的特殊性，这决定了各公司商业化转型的道

路不可能完全相同。在资产管理公司转型与发展问题上，正确的态度应是坚持“一司一策”的原则，各公司结合自身实际，寻求合理的发展战略和业务定位，“成熟一家，转型一家”，积极稳妥地实现四家资产管理公司的可持续发展。

第三节　国外资产管理公司转型的经验及借鉴

一、国外资产管理公司发展模式分析

按存续时间长短来分发展模式，国外资产管理公司可以分为三类：一类是有法定存续期，在不良资产处理完毕后，即清算解散的资产管理公司，如美国的RTC。此类资产管理公司，我们称之为“暂时型”。另一类是没有法定存续期，但适时接受政府委托，管理其银行不良资产处置基金，在完成不良资产处置任务后，并不解散，且可以开展商业性业务的永久性资产管理公司，如韩国的KAMCO。此类资产管理公司称之为“永续型”。还有一类是在完成既定任务后，转变为商业性机构的资产管理公司，如瑞典的Securum。此类资产管理公司称之为“转制型”。

纵观世界各国资产管理公司存续时间长短及发展模式，各有利弊，既有成功的典范，也有失败的案例，而其成败的关键在于资产管理公司发展模式的选择是否符合各自的国情。如美国、瑞典的资产管理公司能在不太长或很短的时间内完成不良资产处置任务，是与它们有着较为完备的法律制度、发达的资本市场、良好的社会信用环境、业务精湛的专业人才、充分的资产处置基金、透明的处置程序等相联系的。特别是美国，储贷、银行等金融机构的股权早已社会化，政府出面对不良资产的处理施以援手，主要目的不是为私人资本或其权益的损失兜底，而是为衔接整个金融市场暂时断裂的资金链条“搭桥”，所以其资产管理公司在完成相应的使命后，可以清算关闭。

相反，东南亚国家的资产管理公司在处理银行等金融机构的不良资产时，就缺少完善的法律、有效的市场处置手段等前置条件，尤其是不健全的金融生态环境往往是不良资产不断再生的根源。因而，多数东南亚国家的资产管理公司在成立之初就没有法定存续期，并且在实际运营过程中也

是困难重重，效果不佳。这也说明新兴市场国家在成立不良资产管理公司时不宜采用“暂时型”的模式。

二、各类型资产管理公司利弊分析

国外三种类型的资产管理公司，对我国都有借鉴意义，但绝不能照抄照搬，因我们既有不同于欧美国家的国情，也有不同于东南亚其他国家的国情。

“暂时型”利弊分析。利：这类资产管理公司，在成立之初就明确了其存续时间的有限性，能减轻政府在财政方面的压力及降低其他社会成本。另外，这类资产管理公司也不会在其使命临近结束时，带来人心涣散、业务停滞等问题。如美国的 RTC 除了首席执行官之外没有固定的职员，具体业务的开展主要是借调了联邦存款保险公司的雇员。弊：这类资产管理公司成功运作的前置条件或对外部环境要求很高，比如完善的法律制度、良好的信用环境、发达的资本市场，以及对资产管理公司经营者有效的激励约束机制等，同时，还需要大量的成本投入，经济实力较弱的国家一般难以做到。所以，该模式被借鉴或被“复制”的可能性较低。

“永续型”利弊分析。利：在成立这类资产管理公司时，政府同时还设立了一项不良资产处置基金，需要时，政府可以委托资产管理公司运用不良资产处置基金对不良资产进行处理，任务完成后，政府可以立即解除资产管理公司对不良资产处置基金的运用权，直到下次需要时，再行委托。这样在政府与资产管理公司之间就可以建立起责、权明确的委托代理关系，消除了资产管理公司作为政府政策性金融机构或附属机构所固有的弊端。此外，这类资产管理公司在接受政府委托业务之余，还可以运用自有资金开展商业性业务，逐渐实现资产管理业务的市场化运作，可以避免“暂时型”公司临近解散时，人心不稳的问题，也有利于建立一支高度专业化的不良资产处置队伍，以备不时之需。弊：这类公司需要在政府与资产管理公司之间建立起有效的委托代理关系，否则，仍不能建立起科学的考核激励机制，要么成为政府政策性金融机构的变种，要么会在政府委托业务与其商业性业务之间，做出不利于政策性业务的操作安排。

“转制型”利弊分析。利：这类资产管理公司由于在完成政策性或特定不良资产处置任务后，可以转制为商业性经营机构。所以，它可以兼顾不良资产的处置速度与资产回收率双重指标要求，同时由于现实的不良资产处置业绩能为其后来转型奠定业务基础，所以对资产管理公司能起到正向的激励作用。当然，该类型资产管理公司也能在一定程度上起到化解人员队伍不稳的问题。弊：对这类资产管理公司来说，在特定的不良资产处置任务完成之后，能否真正转制成功不是一件必然的事情，还存在许多不确定因素，如当时经济形势及市场环境的变化等。

三、对我国资产管理公司转型的借鉴意义

目前，对我国而言，金融体制改革远未取得全面成功。因此，四家国有金融资产管理公司的转制及未来发展应该纳入到整个金融体制改革的大局中统筹考虑，做到“三个有利于”：有利于金融体制改革的整体推进工作；有利于现有剩余不良资产及未来不良资产增量的处置工作；有利于资产管理公司人员的分流及安置工作。

从总体上讲，“暂时型”的模式不适合我国的国情。我国的经济体制还在转轨之中，产生不良资产的制度性根源依然存在。所以，四家资产管理公司不应都被关闭，从一定程度上看，政策性资产管理公司还有存在的客观需要。同样，“转制型”的模式也不完全适应我国的现实需要，即四家资产管理公司同时向商业性金融机构转化，除了上述原因外，还由于在我国大型国有金融机构改革完成后，还有大量的地方性金融不良资产及巨额的地方政府或显性或隐性的债务需要处理，而商业性金融机构的趋利性，决定了它们不可能完全按照政府的意图行事。所以，四家资产管理公司不应同时和完全商业化。

综上，四大资产管理公司的未来改革发展模式应该是“永续型”与“转制型”两种模式的混合，即一部分资产管理公司按照市场化原则改制为投资银行或商业性的资产管理公司，一部分资产管理公司仍承担着部分政策性任务。对于承担部分政策性任务的资产管理公司来说，其对不良资产的收购与处置也应按照市场化的方式来运作，即改变过去政策性剥离的方式，按商业化原则进行。同时，为了减少资产管理公司的道德风险，建立正向激励机制，政府也可以设立一项“不良资产处置基金”，然后采取授权管理的方式，交由资产管理公司运作，待特定的任务完成后，政府收回授权。需要时，再行委托。

第四节 推进我国金融资产管理公司转型的制度原则与政策选择

一、我国金融资产管理公司转型的制度原则

（一）法律基础：关于地位、职能、运营、配套措施的立法

制定恰当的法律框架，创造良好的司法环境，是以金融资产管理公司方式处置不良贷款方案获得成功的关键。与市场经济体系完备的国家相比，我国金融资产管理公司面临着较为特殊的法律环境，不仅民商法体系不够健全，而且较为普遍地存在法律缺失、法律规定简单、各项法律相互矛盾的现象，以及社会信用普遍欠佳的现实。结合我国的实际情况，制定一部《金融资产管理公司特别法》是最为客观的现实选择。其中，对金融资产管理公司的性质、业务范围、监管体系、出资方式、财务管理、机构设置、利润分配、亏损弥补以及不良资产处置过程中的债权变更、债务追诉、资产保全等做出明确规定，由最高人民法院授权中级或高级人民法院组成特别法庭，委派具有金融和债务重组专业知识的人员担任特别法官，专门负责审理与银行不良资产处置和资产管理公司业务的诉讼案件，并及时修订《民法通则》、《担保法》和《合同法》等相关法律，为资产管理公司履行其历史使命提供必要的法律支持。

（二）制度设计：政策性与商业性相分离

政策性业务与商业性业务在一个机构中的混合可能会导致严重的经济后果，这已被国内外众多实践证明。对于单个公司政策性业务和商业性业务的分离，可以遵循以下制度设计：在资产公司做好内部改革、提出可行的改革发展实施方案的基础上，对具备条件的资产公司的政策性业务负债、剩余资产和处置损失，经主管部门核实确认后，与资产公司的商业化业务的资产、负债及国家资本金分离开来，并将政策性业务的负债、剩余资产和处置损失移至表外，予以单独反映，而资产管理公司的政策性业务再贷款、国家开发银行债券停息挂账，政策性业务回收现金支付改制银行债券利息不足部分，由财政专项安排资金补足；资产公司向商业银行发行的债券，由财政在债券到期日前择机发行特别国债予以置换。从而，为资

产管理公司转型提供了坚实的基础。

（三）体制框架：归口管理及关系协调

作为国有非银行金融机构，转型后AMC的归口管理，可考虑由财政部出资设立“中央（国家）金融控股有限责任公司”来持有国家股份，充分履行出资人职责，在股东大会的权力机构下，设置董事会和监事会，并由董事会聘请经营管理者，形成相互制衡、高效运作的委托代理机制，逐步完善公司治理结构。监督管理方面，积极推行“主辅结合”的监管体制，即“以中国银监会为主监管部门，中国证监会、中国保监会为辅监管部门”。中央银行再贷款问题，可通过成立资产托管公司方式来处置。转型后各家资产管理公司与原母体银行（国有商业银行）之间在管理体制上应当相互独立。至于母体银行定向发行的金融债券本息偿还，则可通过允许金融资产管理公司在债券市场发行特别金融债券置换方式进行。对实施债转股政策的企业债务而言，可以考虑将资产管理公司的这部分股权资产移交给国资委来统一管理。

（四）产权结构：股份经营与社会参与

股份制改造是金融资产管理公司转型的必由之路。一方面，通过多元投资主体参与，促进公司法人治理结构的建立，使其真正成为“产权明晰、权责明确、政企分开、管理科学、市场运作、追求效益”的现代金融企业，形成“自负盈亏、自担风险、自求平衡、自我约束、自我发展”的经营机制。另一方面，可以弥补公司资金来源的不足。通过股份制改造，广泛吸收各类外部资金，进而逐步摆脱对国家财政资金的高度依赖，逐步成为“国家控股主导、多方投资参与、治理结构完善、综合经营发展”的金融控股公司。最重要的是，不管具体的董事会与监事会成员如何构成，都应当清晰地分离所有者的“控制权”与代理人的经营“管理权”，建立良好制度来监督并约束其对权力的行使。

二、推进我国金融资产管理公司转型的政策选择

（一）市场准入：经营范围与业务拓展

商业化转型后，金融资产管理公司的经营范围和业务领域应加以扩展，其服务对象应扩大到包括国有商业银行、政策性银行、股份制商业银行、城市商业银行、农村商业银行、城乡信用合作社、证券公司、保险公

司等在内的各种金融机构。其经营范围主要包括三大部分：一是商业化收购、市场化运作、专业化处置不良资产业务；二是拓展各类投资银行业务（重组并购、证券承销、上市保荐、资产证券化等）；三是结合自身情况，有选择地探索开展信用评级、风险管理咨询、征信服务、投资咨询、财务顾问、金融租赁、风险投资及担保等金融服务业务。此外，应当大力鼓励和支持资产管理公司“走出去”，为其积极实施“国际化”战略创造必要的条件，广泛利用国内和国外两种资源，不断提升自身的核心竞争力与国际竞争力。

（二）资本金及运营资金来源：财政拨款与债券融资

资本金有效补充机制的建立是决定我国金融资产管理公司转型成功与未来发展的重要因素。四大资产管理公司成立时，财政部分别为其划转了 100 亿元资本金（从原国有银行划转）。与上万亿元的不良资产相比，资产管理公司数百亿元人民币的资本金，仅以此来盘活、处置商业银行的不良资产是不现实的。换言之，单靠财政拿钱的资本补充机制显然已经不能满足金融资产管理公司的运营资金需求。基于产权结构与股份改造的考虑，引入战略投资者就是一个非常现实的选择。按照规定，资产管理公司只需要保留 25% 的绝对控股权，因此还可以引进 300 亿元资本金。就运营资金来源而言，可通过发行债券、同业拆借及资产证券化方式来获得：在拥有了商业性金融机构牌照后，可以通过银行间市场同业拆借、银行间债券市场发行金融债券等方式进行直接融资；此外，还可尝试通过发行不良资产信托产品、发行特别债券、资产抵押借款、资产证券化等多种手段拓宽融资渠道，以改善当前的财务结构，进而解决其未来商业化发展中的资金来源问题。从长远来看，谋求海内外上市也是金融资产管理公司未来发展的选择之一，这将有助于资产公司优化其治理结构，积极稳妥地进行业务创新。

（三）税费政策：纳税（缴费）义务及税收（缴费）减免

财税政策及时为资产管理公司“减负”，有助于其轻装上阵，加快转型步伐。总体来看，可考虑在转型中给予资产管理公司“过渡期 3 年免税”的政策支持。具体而言，应对参与不良资产管理与处置的机构和投资者给予同等的税费优惠政策，允许在办理以物抵债资产过户的过程中，参与资产处置的机构免交相应的营业税；在向境内外投资者转让资产过程中，投资者也应享受相应的税费减免政策，以鼓励投资者参与不良资产处置。对不良资产处置主体在处置过程中需支付的各种费用，政府部门要在权限范围内执行最低标准或准予减免，降低诉讼费用支出，以减轻不良资产处置负担。对于主要为高技术企业和创新型企业提供信用担保服务的资产管理公司，应制定相应政策，允许其免交营业税，并规定一定时期内可享受减免所得税的政策优惠。此外，还可以通过税收减免政策鼓励资产管理公司积极创新。

（四）资本市场：金融服务及创新

资本市场可以为资产管理公司进行金融服务与业务创新提供广阔的空间和平台。通过完善我国资本市场有关政策可以为资产管理公司商业化转型与运作创造良好条件。主要有以下几个方面：第一，加快建立不良资产交易市场，建立全国统一的不良资产交易平台，使不良资产的整合突破区域界限、部门界限、行业界限，已成为金融机构、市场、投资者、国家监管机构等多方的共同需求与愿望。第二，推动资产证券化项目的开展，但在目前的法律与政策框架下，只能借助信托方式来进行，需要突破政策与法律障碍。第三，酝酿设立产业投资基金。资产管理公司以持有企业重组投资基金方式参股企业，等到企业效益提升并达到上市要求后，资产管理公司再把所持股权在股票二级市场卖掉以收回资金。此外，资产管理公司也可以基础设施投资基金方式参与大中型基础设施项目的投资。第四，参与企业风险债的发行、评级。借助于不良资产处置中积累的管理经验与客户信息，资产管理公司完全可以参与到企业债的信用评级和债券发行中。

（五）风险监控：风险分担与绩效问责

不良资产是一种非标准化的高风险的商品，由此决定了其价值具有较大的不确定性。转型后应加快风险控制机制的建立与风险管理水平的提高，以“利润为中心，市场为导向”的经营理念取代“收支两条线”的政策取向势在必行。资产管理公司应进行财务管理、分配制度和流动性管理等方面的改革，探索商业化运作的业务核算、财务制度及管理模式，以经营净现金流及利润贡献大小作为主要考核指标，建立新的绩效考核办法。资产管理公司超额完成考核目标，除按现行处置考核办法对净现金回收提取奖励外，再给予一定的超收奖励；对未完成回收率目标的，相应扣减考核奖励。与此同时，资产管理公司处置费用与回收现金挂钩，严格按费用率目标执行，回收多则费用多，回收少则费用少。在建立考核目标责任制的基础上，应当逐步完善资产管理公司的激励约束机制。建立合理有效的激励机制，营造一个公平、竞争、高效的工作环境，是培养和保持一个有效业务团队的必备条件。而科学有效的激励约束机制应当设计成一个“定性和定量相结合、着重长期效益”的综合性评价体系。

第 7 章

反洗钱法的立法思路与模式选择[①]

改革开放以来，在经济快速发展的同时，我国的反洗钱形势也日益严峻起来。因此，制定一部适合我国国情的、专门的、统一的《中华人民共和国反洗钱法》（以下简称《反洗钱法》），并以此为指导修订与制定其他相关的反洗钱法律制度，需要我们从分析洗钱行为的基本特性入手，揭示反洗钱工作中存在的内在矛盾，在了解国内立法背景与借鉴国外成熟经验的基础上，选择我国制定《反洗钱法》的基本思路和制度模式。

第一节　洗钱行为的基本特性

洗钱行为，最早出现在 20 世纪的 20 年代，20 世纪中叶以后日渐猖獗。何谓“洗钱”，目前尚未形成完全统一的概念，宽泛地讲，则是指通过“清洗”使非法或犯罪收入合法化的行为。从根本上看，洗钱是一种高收益与高风险并存的社会公害，它不仅削弱国家财政，危害经济安全，损害国家形象，甚至动摇国家机器，还严重危及人类社会正义的观念。因此，任何国家及其个人都有责任阻止、打击这一行为。了解洗钱行为的基本特性，是开展反洗钱工作的第一步。总结历史经验，洗钱行为的基本特性集中体现在以下几个方面：

① 本章内容成文于 2004 年 9 月，系作者受相关部门及领导委托专门撰写的咨询报告，供《反洗钱法》立法专家参阅。

一、洗钱过程中的现金高密集性

由于现金利于伪装，也不容易留下交易痕迹，大多数的洗钱行为都采用现金交易方式。但是，现金的使用容易受金融管制与货币制度的约束，所以洗钱行为往往发生在金融市场与信用制度不发达的国家或地区，使得洗钱行为发生地的现金流通突然呈现出高密集性特征。

二、洗钱行为具有高隐蔽性

不论洗钱者对“黑钱”如何漂洗，他们在洗钱时总是希望隐藏现金的真正拥有权及其来源，尽快改变现金的形式，不留下洗钱痕迹，并始终控制洗钱的全过程。其最终目的只有一个，那就是避免被反洗钱人员发现。洗钱犯罪的巨大风险与收益根本决定了洗钱行为的高隐蔽性特征。

三、洗钱行为具有手段多样性特征

实践中，洗钱的过程复杂，形式也多种多样。如成立空壳公司洗钱，化名存款或购置金融票证洗钱，违规转账洗钱，利用进出口贸易、关联单位、地下钱庄、保险公司、民间借贷等形式洗钱，成立外资公司或利用外汇黑市洗钱，甚至通过骗税、国有企业改制等渠道洗钱。随着经济与科技的发展，洗钱犯罪的可利用的手段还会不断翻新。

四、洗钱行为日益呈现出复杂性与专业性等特点

为使黑钱达到合法化的最终目的，洗钱者往往通过众多的国内外商业公司和金融机构，使得资金流转过程复杂难辨。此外，为保证洗钱犯罪的成功，某些犯罪分子不惜支付高额费用以换取专业人士的服务；而一些律师、金融机构人员、投资专家等为牟取暴利也愿意为犯罪分子提供洗钱服务。

五、洗钱行为的国际性特征越来越明显

不同国家在洗钱的管制和制裁上各有差异，跨国间的反洗钱协作也存在诸多困难之处，又由于现代信息技术的迅速普及，使得洗钱行为涉及的地域非常广泛，并在全球范围内传播开来。

六、金融机构成为洗钱的主要渠道

无论是主动洗钱还是被动洗钱，洗钱者都很清醒地知道：洗钱是一种犯罪行为，需要付出一定的成本与代价，并承担相当大的风险。因此，洗钱者总是趋于选择成本低、安全性高、风险小、便捷性大的方式或渠道。正是由于这几方面的原因，在金融法制不健全的国家和地区，金融机构成为洗钱的主要渠道。

第二节 反洗钱工作中存在的内在矛盾

可以肯定地讲，洗钱行为的基本特性直接决定了反洗钱工作的具体方式、内在矛盾与现实困难。洗钱的历史最早可以追溯到20世纪20年代，而反洗钱的历史却并不遥远。从美国1970年颁布《银行保密法》算起，至今不过30多年的时间。如果从美国司法机关审判第一例洗钱刑事犯罪案件算起，仅有20年的历史。出现这种局面的原因很多，洗钱行为的高隐蔽性、政府对洗钱的危害认识不足、对洗钱犯罪的打击力度不够等因素，都是其中重要的原因之一。换个角度看，这一状况的存在则充分说明了开展反洗钱工作矛盾复杂、困难重重的客观现实。清楚地认识反洗钱工作中的内在矛盾，是有效开展反洗钱工作的必要前提。

一、洗钱行为的故意性与政府反洗钱的被动性之间的矛盾

2001年10月26日，《美国爱国者法案》的出台，使得反洗钱工作再度引起国际社会的广泛关注。这是9·11事件的直接产物，为打击恐怖主义活动而制定，以使美国人民能够生活在安全的环境中。“亡羊补牢，未为晚矣”，该法案的出台绝对是一件好事。然而，值得深思的是，美国政府为什么没有未雨绸缪？政府的责任难道只能做事后补救一类的工作吗？不是！政府对洗钱行为的漠视以及反洗钱职能的不作为是9·11悲剧出现的重要原因之一。

洗钱行为却恰恰相反。参与洗钱的人员可能很多，有些人员可能是被动从事洗钱活动，但每一洗钱犯罪行为的背后必然有一个或多个策划者，洗钱行为的故意性是其高隐蔽性的重要保障。显然，洗钱行为的故意性与

政府反洗钱的被动性之间的矛盾，决定了反洗钱工作绝对不会一帆风顺，反洗钱工作所能取得的进步往往建立在深刻的教训基础上。

二、个别洗钱犯罪分子的非法暴利与普遍的国家利益之间的矛盾

洗钱行为不是普通的犯罪，其根本目的在于为少数个人牟取巨额收益，比如走私、贩毒、骗税、贪污，这些犯罪行为危害的不是具体某个人，而是社会上大多数成员，最终损害的是普遍的国家利益。更值得注意的是，普通的个人往往无力与洗钱犯罪分子相抗争，难以阻止洗钱者的犯罪行为，同样难以保护国家利益不被侵害。

尤其令人忧虑的是，洗钱活动的成功，对奉公守法、勤勉劳作的人们来讲，是一种罪恶的诱惑。如果这种局面得不到及时制止，长此以往必将危及社会稳定。洗钱犯罪分子个人利益的顽固性与国家利益的易伤害性之间的尖锐矛盾，决定了反洗钱工作绝对不能寄希望于社会个人，而是政府部门应该承担的一项天职。

三、工商企业、金融机构伸张社会正义与赚取利润之间的矛盾

洗钱活动的多样性、复杂性、专业性、国际性等基本特性清楚地表明了一项客观事实，那就是洗钱活动离不开某些工商企业与金融机构的参与。几十年洗钱与反洗钱历史也证明了这一点。

任何一个工商企业与金融机构都有伸张社会正义的义务，都承担着不可推卸的反洗钱义务。然而，如果工商企业或金融机构参与洗钱犯罪，工商企业则可以得到佣金，银行则增加了存款与收取了手续费。无论是主动洗钱还是被动洗钱，都能够为参与洗钱的企业或金融机构带来实际意义上的好处。与此相反，反洗钱行动不仅使其损失部分经济利益，还将付出一定的成本。即便是在美国，其商业银行向国内税务局提供大额资金交易报告的成本是 14 美元，都感觉到“面临着成本高昂的报告负担”。此外，普及反洗钱知识，设置相关工作岗位，配备相应工作人员，组织员工培训，这些都需要工商企业与金融机构付出一定成本。

最为重要的是，由于洗钱活动的复杂性，洗钱资金往往难以追缴；即便是追缴回来，在缺乏追缴洗钱资金分享制度的条件下，金融机构不能从中获取直接的利益。企业的经营目标是利润最大化，因此从“经济人”角度考虑，工商企业与金融机构在伸张社会正义与赚取利润之间存在矛盾与冲突，是一种客观现实。

四、跨国洗钱犯罪导致的国家或地区利益之间的矛盾

洗钱犯罪日益呈现出国际性特征，增加了一国政府开展反洗钱的难度。对资金流入国而言，增加了其外汇与税收收入，有助于该国经济的增长与发展。如果资金流出国要求非法资金流入国协助开展反洗钱活动，对协作国而言，意味着一部分外汇或税收的无偿流出，甚至导致其国际收支出现困难。因此，黑钱流入国就有可能对协作开展反洗钱活动的热情不高、力度不够。

1934 年，瑞士制定了西方第一部关于银行保密制度的法律，并因此在第二次世界大战期间成为纳粹德国和其他国家进行黄金交易的主要地点，而瑞士中央银行则根本不问黄金的来路，一味从中赚取巨额差价，结果导致众多外国政要，甚至是黑帮头目，都将或者正当或者来路不明的资产存在瑞士银行，以规避本国税务部门的监督与管理。实际上，瑞士银行的保密制度保护了合法资金，也保护了“黑钱”，其实质是保护自身的小利益，损害了其他国家或地区的合法利益。

如果再考虑到国家之间的竞争、意识形态之间的抵制等因素，洗钱犯罪有可能成为国家之间竞争的政治工具。有时，由跨国洗钱犯罪导致的国家或地区利益之间的矛盾还非常激烈。2002 年，欧盟强烈要求瑞士放弃银行保密制度，正是这一矛盾的现实反映。这一矛盾的存在表明：跨国的反洗钱行动难以做到一帆风顺。

第三节　我国《反洗钱法》的立法背景

无论是洗钱行为的基本特性，还是反洗钱工作中存在的内在矛盾，都清楚地表明：反洗钱工作是一场既长期又严酷的斗争。从我国的具体国情看，既有国际黑钱流入中国违法转移账款，也有国内不法分子将非法所得清洗往国外，我国的反洗钱形势日益严峻。为取得这场斗争的彻底胜利，法律是一件必不可少的有力武器。

1994 ~ 1998 年，赖昌兴将走私所得 120 亿人民币“洗”往加拿大。在 2003 年春天被查处的南海“华光骗贷案”中，少数政府官员伙同企业主通过某民营企业及其关联公司，将骗取到的大部分银行贷款连同违规调

用的大笔财政资金一起，通过“清洗”转出境外或用于私人投资，仅无法追回的贷款与公款就高达40亿元人民币。类似案件的接连发生，说明我国反洗钱工作需要采取更为严厉、有效的手段。

客观地讲，我国一直都很重视反洗钱工作，认真履行着反洗钱国际义务，并初步搭建起反洗钱法律体系与制度框架。尽管取得了很大成绩，但也存在着明显不足。其中最为突出的，是我国的反洗钱法律体系不完善，亟须建立专门、统一的《反洗钱法》。

一、我国反洗钱法律体系尚不完善

1988年以来，针对洗钱犯罪，我国分别从法律、行政法规、规章制度等三个层次上修订或颁布了有关法律、法规或制度。《刑法》、《现金管理条例》、《个人存款账户实名制规定》分别以法律和行政法规的形式构建了我国反洗钱立法的基本框架。

尽管如此，以上法律或法规中的有关规定，不是专门针对或直接针对预防洗钱犯罪而设定的，并不具备全面预防洗钱犯罪的功能，只是与预防洗钱有关联或对其有影响。针对洗钱犯罪制定统一的《反洗钱法》，是我国反洗钱法律体系建设的重要任务。

此外，我国的《现金管理条例》还没有将自然人纳入现金管理的范畴，没有将非银行系统流转的现金纳入现金管理的范围，在大额现金存取方面的规定还存在某些漏洞，管理较为落后。

二、我国反洗钱法律界定的洗钱犯罪范围太窄

我国1997年新《刑法》第191条将洗钱罪的上游犯罪限定为毒品犯罪、黑社会性质的犯罪、走私犯罪和恐怖活动犯罪四种，已不适应反洗钱工作的现实需要，也不符合国际反洗钱刑事法律的要求。事实上，我国目前客观存在着的贪污贿赂、骗税、骗贷、骗汇、国有资产流失等都与洗钱犯罪有关联。

另外，在反洗钱工作中金融机构具有向反洗钱机关报告大额或可疑金融交易的义务，接受报告的机关负有不得向外泄漏有关情报或信息的义务，违反上述规定需要承担相应的法律责任。但是，在我国刑法中还没有对泄漏反洗钱的有关情报信息的行为做出明确的定罪量刑规定。

三、中国人民银行反洗钱的“一规两法”存在明显不足

中国人民银行发布的反洗钱“一规两法”，初步建立了我国金融机构反洗钱的制度框架，但仍然存在明显不足。

第一，“一规两法”在性质上属于行政规章，不属于法律范畴，层次较低，效力不高，与金融机构所承担的反洗钱任务极不相称，特别是对洗钱犯罪分子的惩罚，更是鞭长莫及。

第二，金融机构执行大额、可疑交易报告制度缺乏法律基础，与我国《商业银行法》确定的金融机构为客户保密原则相冲突，还没有从法律上确定为客户保密的例外原则。

第三，可操作性不高。比如金融机构对存款人申请开立银行结算账户时提交的开户资料应审查其真实性，但由于技术原因实践中难以真正做到这一点。又如，金融机构开展反洗钱工作需要付出较高的成本与代价，却没有制定相应的激励约束机制，因此导致众多的金融机构只说不做，相关规定难以真正落实。

第四，适用范围没有涵盖整个金融机构。《金融机构反洗钱规定》只适用于中国人民银行批准设立的金融机构，并没有包括保险、证券和基金管理公司；《人民币大额和可疑支付交易报告管理办法》只适用于政策性银行、商业银行、城乡信用合作社以及邮政储汇机构；而《金融机构大额和可疑外汇资金交易报告管理办法》只适用于我国境内经营外汇业务的所有金融机构。据此可知，中国人民银行反洗钱的“一规两法”只是在金融系统结算环节上做文章，尚未形成一个综合配套的制度系统，我国缺乏全局性、统一的反洗钱制度安排。

四、《商业银行法》等金融法律存在重大立法缺陷

金融机构已经成为洗钱犯罪的主要渠道，并在预防与打击洗钱犯罪上承担着重要的责任与义务。然而，我国的《商业银行法》、《证券法》、《保险法》、《信托法》等金融法律作为规范有关金融机构经营行为的主体法律，却没有洗钱与反洗钱的概念，没有制定有关金融机构预防洗钱犯罪的任何条款。因此，我国《商业银行法》等金融法律存在重大的立法缺陷，需要尽快修订与完善。

综上所述，完善我国反洗钱立法体系的当务之急，需要由全国人民代表大会制定一部统一的、专门的《反洗钱法》，明确反洗钱的定义、对象

范围，确立反洗钱专门机构、模式、性质、职能及其工作机制，严格界定政府机构、金融机构、非金融机构以及个人的反洗钱义务，并以此为指导修订或颁布其他相关法律，逐渐形成适合我国国情、统筹安排、综合配套的反洗钱法律系统。

第四节　国外反洗钱立法的经验借鉴

正确认识洗钱行为的基本特性，明晰反洗钱工作中存在的内在矛盾，是顺利开展反洗钱工作必须了解的背景性因素，是制定《反洗钱法》的重要基础。而国外反洗钱立法的成功经验，则可以为我国提供诸多有益借鉴。纵观国外几十年的反洗钱的立法经验，可以归纳为以下几个方面：

一、立法精神

国外反洗钱立法是顺利开展反洗钱工作的重要基础，其立法精神在于统筹各地区、各部门的反洗钱工作，全面预防与有效打击洗钱犯罪，加强国际合作，反对恐怖主义活动，伸张社会正义，维持安定、安全的政治、经济与社会环境，维护国家利益与公共利益。

二、法律地位

国外的反洗钱法通常以多种类、多层次的反洗钱法律体系的形式出现。如美国反洗钱法由三级立法组成：一级立法，由国会制定；二级立法属于行政法规；三级立法，是各部门制定的规章或指引。但是，由全国立法机关制定一部统一的《反洗钱法》，构成了整个反洗钱法律体系的核心。

三、策略选择

一部好的、成功的《反洗钱法》，一定蕴含着先进、科学的思想与策略。美国是最早制定反洗钱法律的国家，其反洗钱法体现出来的策略安排极具借鉴意义。

第一，全面防范。广泛动员全社会力量，加强对洗钱犯罪活动的防范，为此严把银行开户关，特别重视对现金流动的管理，广泛推行检举制度。

第二，从重、从严、从快打击犯罪。依靠政府专业机构和受过专门训练的人员，对经情报分析锁定的少数可疑个人、企业、金融机构和地区进行调查和打击，充分发挥法律惩罚的威慑力。

第三，以对银行的控制为核心。美国银行业按照统一作业标准采取反洗钱措施，银行董事会对银行执行反洗钱法规负有最终责任，对协助政府机构查处洗钱犯罪，并广泛防止一般性的洗钱活动，起到了重要的作用。

第四，在监测洗钱犯罪活动和监测反洗钱体制运转两个方面，以监测反洗钱体制的运转为工作重点；在政府机构与金融机构分别担当的反洗钱角色两个方面，工作重点是金融机构的角色。

四、洗钱的定义与范围

目前，不同国际机构或国家对洗钱的界定还存在一定的差异。在对洗钱方式的理解上，范围都很广，只不过有的定义的比较具体，有的则比较抽象。至于洗钱行为的对象，差别比较明显，有的仅限于毒品犯罪的收益，有的仅限于特定的几种犯罪的收益，有的则包括一切非法所得。

比如，金融行动特别工作组认为：凡隐瞒或掩饰因犯罪行为所取得财物的真实性质、来源、地点和流向，或协助任何与上述非法活动有关的人规避法律责任的，均属于洗钱行为；而美国 1986 年《洗钱控制法》则认为：洗钱就是掩盖犯罪收益，把犯罪收益转变为表面合法的资金形式，使它们能够得到自由使用，不会由于犯罪行为的发现而被发现与追缴。

五、反洗钱的义务主体

尽管反洗钱行动每个国家及其社会成员都有责任，但是反洗钱的义务主体主要包括：政府机构，金融机构，非金融企业，会计师、审计师、律师或投资专家等。

政府机构是最主要的反洗钱义务主体。从国际经验看，财政部、中央银行、金融监管部门、公安、司法、税务总局、海关、国家安全局等都是反洗钱阵线的重要部门。但通常需要设立承担反洗钱职能的专门机关，或是设在中央银行下，或是设在财政部内，或是成立独立的机构，来组织、统筹全国范围内的反洗钱工作；在反洗钱机关的牵头下，通常建立众多政府部门参加的反洗钱联席会议制度，以利于高效开展反洗钱工作。

金融机构在反洗钱行动中承担着不可推卸的重要义务。比如，加强对银行账户的管理，对客户开展尽职调查，向反洗钱机关及时报告大额现金交易或可疑金融交易，实施完善的金融交易信息登记与保存制度，建立金融机构内部的反洗钱方案，成立反洗钱机构，配备相关工作人员，对内部员工组织反洗钱知识及业务培训。更为重要的是，如果不能正确履行其法定义务，金融机构及其法人代表都需要承担罚款、民事甚至刑事责任。

与金融企业一样，非金融企业，比如出口企业等，也具有法定的反洗钱义务。由洗钱行为的专业化特性决定，会计师、审计师、律师以及投资专家，也是不可忽视的反洗钱义务主体，负有向反洗钱机关报告或检举洗钱犯罪的义务。此外，每一个社会成员也都有检举、报告洗钱犯罪的义务。

六、金融交易报告与分析中心

建立反洗钱行动的情报机构，是有效预防与打击洗钱犯罪的重中之重。建立该中心的前提之一，是首先从立法上确定为客户严守秘密的例外原则。如美国1970年通过的《银行保密法》要求银行等金融机构在反洗钱时有向政府报告客户信息的义务。

关于金融交易报告与分析中心的性质，有的国家归为公务员系列，有的国家设为事业单位，但其经费无不由财政提供。该情报机构的职能，主要是从事反洗钱情报的收集、分析等工作，少数国家的反洗钱情报中心还具有监管职能。该中心的设置模式主要有三种：一种设在财政部下，如美国；一种设在金融监管部门下，如日本；一种设为独立机关，如澳大利亚。三种模式各有特点，一个国家具体选择哪种模式取决于该国的具体国情。

七、反洗钱的激励机制

由于反洗钱工作中存在着伸张道义与赚取利润之间的矛盾，存在着国家利益之间的矛盾，需建立适当的激励机制，以最大限度地发挥金融机构或非金融机构以及“黑钱”流入国参与反洗钱的客观能动性。

因此，一些国外发达国家在强调金融机构的反洗钱义务的同时，对其中在反洗钱行动中的积极参与者给予业务经营、再贷款等方面的优惠，甚至给予一定金额的经济补偿。在跨国反洗钱行动中，有些国家对追缴的非法收入实行分成制度，或者通过双边的贸易或金融活动建立利益互动机制。

八、计算机安全立法和网上支付系统的监管

世界上许多国家都非常重视对高科技的立法，充分利用高科技手段预防与打击犯罪，同时严禁犯罪分子利用高科技手段组织犯罪。如美国法律明确规定，电子金融转移系统中的计算机记录是在有规律的商业活动中的痕迹，作为证据可以接受，从而从法律上肯定了计算机记录在诉讼中的现实价值。此外，做好对网上支付系统的监管工作，则可以更好地掌握一国内部乃至全球的巨额资金流动情况，有助于及时发现线索与提前预防。

第五节　我国制定《反洗钱法》的基本思路

制定一部统一的适合我国国情的《中华人民共和国反洗钱法》（以下简称《反洗钱法》），是一件重要而迫切的任务。借鉴国外成熟立法经验，笔者提出以下思路与建议。

一、从我国的具体国情出发

制定《反洗钱法》绝对不能脱离我国的具体国情。目前，我国金融业不同程度地存在着无序竞争现象，用高息揽存等不正当手段吸引客户，一定程度上为洗钱提供了可乘之机。其次，商品流通中大量使用现金的状况还很普遍，不利于从根源上打击洗钱犯罪。此外，金融从业人员综合素质有待提高，多数员工对反洗钱工作非常陌生，难以发现和有效制止可疑的金融交易或与洗钱有关联的交易；而基层司法人员、刑侦人员对金融业务的相对陌生，则增加了反洗钱工作的难度，降低了金融业反洗钱的效果。因此，我国制定《反洗钱法》切勿理想化，不能照抄照搬外国的经验，在具备一定程度前瞻性的前提下，更要注重实效。

二、构建以《反洗钱法》为核心的反洗钱法律体系

由全国人民代表大会制定一部统一的《反洗钱法》，应该成为整个反洗钱法律体系的核心，统筹安排我国的反洗钱行动，发挥对其他反洗钱行政法规、部门规章、政策指引的指导作用。具体来说，就是要统筹各地区、各部门的反洗钱工作，全面预防并有效打击洗钱犯罪，维护经济秩序

和社会秩序，加强国际合作，反对恐怖主义，主张社会正义，为人民创造一个安定、安全、健康的工作与生活环境，保护国家利益与公共利益不受侵犯。

同时，还需要制定《银行保密法》、《现金交易法》、《外汇管理法》；修订《商业银行法》、《证券法》、《保险法》、《信托法》、《海关法》、《现金管理条例》、《个人存款账户实名制规定》等，使这些法律、法规在银行保密制度、刑事处罚、调查取证等方面与《反洗钱法》保持一致。此外，各金融机构还需要根据自身情况，制定反洗钱的业务操作规程。由此，构建起以《反洗钱法》为核心的层次分明、职责清晰的反洗钱法律体系。

三、科学安排我国的反洗钱策略

制定法律需要以全盘规划全国的反洗钱工作为基础。毋庸置疑，一部好的法律一定蕴含着先进的思想与科学的策略。具体地讲，我国《反洗钱法》包含的反洗钱策略应坚持做到以下几点：第一，以全面预防为基础，从政府机构到金融机构，包括全体社会成员，都始终要把预防洗钱犯罪放在第一位，建立全面的、涵盖全社会的预防洗钱犯罪体系；第二，要从重、从严、从快打击洗钱犯罪，惩治反洗钱工作中渎职、失职行为，充分发挥法律惩罚的威慑力。第三，始终坚持对金融机构的控制为重点，严格规范金融机构的义务，认真监督其具体实施，严密控制洗钱犯罪的金融通道，即使做不到彻底地消灭洗钱犯罪，也应最大限度地加大洗钱犯罪的成本与风险。第四，建立完善的反洗钱体系，并加强各机构或部门之间的协调运行，确保政府机构切实履行应该承担的反洗钱职责。

四、拓宽洗钱犯罪的范围并明确界定反洗钱渎职与失职行为

目前，我国有关反洗钱法律对洗钱的定义过于狭窄，不仅与国际通行做法存在很大的不同，而且与国内洗钱活动的现状极不适应。反洗钱行动重在预防，因此更应该拓宽对洗钱的定义及其范围。这样做，也更有利于从严、从重、从快地彻底打击洗钱犯罪。我国应该把洗钱犯罪的范围扩展到包括贪污、贿赂、骗税、骗贷、骗汇等在内的所有非法所得。

此外，明确界定反洗钱渎职、失职行为是顺利开展反洗钱工作的重要保障。这就需要在《刑法》中对泄漏反洗钱情报信息的行为做出定罪量刑规定；在《刑法》、《反洗钱法》及其他相关法律中，对不能或拒不履

行反洗钱法定义务的政府机关工作人员、金融机构与非金融机构及其职员、社会个人做出明确的罚款、民事、刑事等处罚规定。

五、规定各个反洗钱主体的具体义务

在我国，中央银行、财政部、三大金融监管部门、公安、司法、税务总局、海关、国家安全局等都是反洗钱阵线的重要部门。成立反洗钱机关、建立反洗钱联席会议制度，也只是时间问题，关键在于我国的反洗钱机关如何设置以及采取何种方式组织全国的反洗钱行动。

目前，我国金融机构的大额交易和可疑交易报告采用本币和外币的分离报告制度，不利于有效打击复杂、专业的洗钱犯罪，也与国际上反洗钱本外币统一监管的趋势背道而驰。从这个角度看，我国的反洗钱机关设在中央银行内，是一个较为现实的选择，但需要财政部、中国银监会、中国证监会、中国保监会等机构的有效协作。

建立反洗钱机关后，还需要成立专门的金融交易报告与分析中心。根据我国的现实情况，我国的金融交易情报部门可以设在中央银行的反洗钱机关下面，也可以成立独立的金融交易报告与分析中心，甚至可以与反洗钱机关合署办公。但关键的一点必须做到，那就是金融交易情报部门一定要统筹管理全国所有的反洗钱情报信息资料，切忌条块管理与人为分割。

此外，要严格界定金融机构的反洗钱义务。为此，需要加强现金管理，从源头上有效遏制洗钱活动的发生；加强对银行账户的管理，全面预防与有效打击洗钱犯罪；对客户开展尽职调查，报告大额现金交易或可疑金融交易，实行金融交易信息登记与保存制度，建立金融机构内部的反洗钱方案，成立反洗钱机构，配备相关工作人员，对内部员工组织反洗钱知识与业务培训。

更为重要的是，反洗钱机关的工作重点应该放在监管金融机构反洗钱义务的执行情况上。对不能正确履行其法定义务的金融机构及其法人代表，要做出罚款、民事甚至刑事惩罚；对能够积极参与反洗钱行动的金融机构，中央银行及其金融监管部门应该在存贷款业务经营、再贷款等方面给予适当的优惠，也可以考虑对金融机构及其具体工作人员给予一定的经济奖励。

反洗钱行动，人人有责。因此，应该充分发挥全社会的力量，建立广泛的检举报告制度，比如公布反洗钱热线电话或设立反洗钱奖励基金。这也是促使会计师、审计师、律师、投资顾问及有关企业认真履行反洗钱义

务的重要保证。

六、建立适合我国国情的反洗钱激励机制

建立适当的反洗钱激励机制，以最大限度地发挥金融机构或其他工商企业以及“黑钱”流入国参与反洗钱的客观能动性。对在反洗钱行动中的积极参与者给予分支机构准入、业务经营与创新、再贷款等方面给予适当放宽。比如，不马上将追回的洗钱资金上缴国库，而是给金融机构一定时间的调整期。此外，应该对从事反洗钱工作的优秀金融机构及其专门工作人员给予一定金额的经济补偿或奖励。在跨国反洗钱行动中，建立利益分成制度或建立利益互动机制，将加强国际或地区间合作的良好愿望落在实处，实现多方共赢。

七、重视计算机安全立法，加强对网上金融业务的监管

先进的技术是改变世界的重要力量，它是一把“双刃剑”，应最大限度地趋利避害。因此，有必要从法律的层次上对计算机、网络及其信息管理做出相应规范，防止并严禁少数个人利用高科技手段从事洗钱犯罪，更好地利用高科技手段以及电子金融转移系统中的计算机信息预防与打击洗钱犯罪。此外，还要在大力推进网上银行的建设以及网上金融业务的开展同时，加强对网上金融业务的审批与日常监管，以更好地、及时地掌握可疑的、大额的资金流动信息，有助于提前预防、发现线索与打击洗钱犯罪。

第 8 章
我国普惠金融体系的建立与发展

普惠金融体系（Inclusive Financial System）是联合国在“2005 世界小额信贷年”首先提出的金融理念。近年来，普惠金融在我国逐步受到重视，并得到积极探索。如何构建适合我国国情的普惠金融体系，是当前及未来一段时期我国经济社会发展需要解决的一个重大问题。

第一节 普惠金融体系概述

普惠金融的基本含义是能有效、全方位地为社会所有阶层，尤其是弱势群体，提供以小额信贷为主体的金融服务体系。普惠金融认为，只有将包括穷人为对象的金融服务有机地融入金融体系，才能使过去被排斥于金融服务之外的大规模弱势客户群体获益，最终这种包容性的金融服务体系能够对社会中的绝大多数人，包括过去难以到达的更贫困和更偏远地区的客户开放金融市场，使每个人有机会参与经济的发展，实现社会的共同富裕。

一、普惠金融体系的基本框架

从架构上讲，普惠金融体系是以一切需要金融服务的地区和社会群体为对象，并将金融服务融入微观、中观、宏观层面的完整的金融体系。具体包括以下四个方面：

（一）服务对象

一切有金融需求的地区和社会群体，包括贫困者、中低收入者、富裕户和大中小企业都是这一金融体系的服务对象。其中，尤其值得关注的是贫困者和低收入者，他们的金融需求的满足与否决定着这一体系是否成功。

（二）服务提供

服务提供包括商业性银行、政策性银行和合作性金融机构在内的正规金融体系和各种民间金融机构等非正规金融体系。

（三）市场建设

包括一切有利于普惠金融服务开展的市场开发和金融基础设施建设等，如信息技术的提供、咨询与培训服务的开展、专业业务网络建设和信用评级机构完善。

（四）宏观监管

主要是政府的宏观政策和相应的法律法规框架。中国人民银行、银监部门、财政部等机构是宏观调控和监管活动的直接参与者。

二、普惠金融体系的基本特征

（一）金融服务的公平性

普惠金融体系是将传统金融长期排斥在外的中低收入群体纳入其服务范围之内，为全体人员提供能够获得多样性金融服务的平等机会，享受全方位的金融服务。

（二）服务方式的多元化

普惠金融体系不仅为客户提供传统意义上的小额贷款服务，还为其提供包括保险、债券、基金、担保等多种形式的金融服务和金融产品，满足经济结构的多样化和客户收入结构的差异化特征。

（三）组织形式的互补性

普惠金融体系应包括政策性、开发性、合作性和商业性等金融机构以及小额信贷机构、担保公司、租赁公司等创新型金融组织形式，这些机构在具有可持续发展的制度基础和政策环境下，分工合理、功能互补、有序竞争、协调发展，形成一个相对完整的金融体系。

（四）组织机构的高效率

普惠金融体系强调在健康的金融管理体制下和有效的金融调节机制下，由金融机构作为金融中介完成的或由融资双方或多方在市场服务体系下实现的金融资源的最优配置，将金融服务延伸到更贫困、更偏远的客户群体的同时，力求降低客户群体和金融机构双方的成本，使其在业务覆盖面及可持续发展上达到均衡。

（五）金融体制的稳定性

普惠金融体系是在一个能够促进效率、控制风险和提高盈利能力的框架下稳定运行，在金融机构、金融市场与金融监管部门之间形成良性互动的同时，在金融市场结构、资金配置结构以及信贷结构上也能够保持稳定。

（六）与经济结构的相融性

普惠性金融体系应与中国经济结构性特征、发展水平以及建立全面、协调、可持续经济发展战略的目标相适应，并在这样的框架内得到进一步的补充、完善和发展。

第二节　我国发展普惠金融体系面临的主要困难

我国 1993 年开始试办的小额信贷，可以视为普惠金融的早期典型案例。近年来，普惠金融在我国逐步受到重视，并得到一定程度的发展，但是也还存在诸多困难。

一、目标客户单一

从自然人角度看，目前我国普惠金融体系大多以农村贫困人口为服务对象。但在国内，贫困人口并不限于农村，城市也有一定比例的低收入阶层，他们同样需要小额信贷服务。从企业角度看，中小企业和微型企业发展一直面临融资难的问题，它们所需的资金多是流动性的，金额小、期限短、能够且愿意接受较高利率，小额信贷非常适合他们，但它们大多被排除在小额信贷的服务范围之外。

从提供金融服务这一角度看，客户的单一化也使得小额信贷机构无法通过多样化的信贷组合来分散风险。比如，我国城市金融中仅有针对城镇下岗职工这一城市弱势群体的下岗失业担保贷款，且在小额担保贷款运作中存在着贷款周期短，银行缺乏积极性，担保基金的规模小等不足，使其走向萎缩、低水平均衡的不良状态，成为构建全社会普惠金融体系的一条“短腿”。

二、风险防范任务艰巨

一般来讲，落后地区、中小企业和弱势群体的发展基础相对较差，普惠金融风险的防范任务相对比较艰巨。贫困落后地区的自然条件、基础设施、产业集群与发达地区相比都处在劣势，信息不对称情况更为明显，有的历史包袱很重，金融生态环境也不好；有些中小企业存在会计核算不规范，信用记录缺失或不良的情况；弱势群体中，大多数人受教育程度低，禀赋不高，还有一小部分人安于现状，无发展动力；我国的信用建设相对滞后，一些社会成员诚信缺失，提高了市场的交易成本，影响和制约市场机制配置资源作用的正常发挥。

三、法律地位与监管模糊

从目前我国的小额信贷业务开展情况来看，主要由非政府组织、政府主导的小额信贷组织和农村信用社、农业银行等金融机构提供。但是，由于对小额信贷机构的法律地位缺乏界定，加之小额信贷缺乏独立的监管机构及相应的监管政策，一定程度上限制了其发展空间。目前，对小额信贷机构尤其是非政府的小额信贷机构，实行的是非审慎监管，大都由当地政府部门执行，相对于银监部门对金融机构实行的审慎性监管来说，这种监管宽松许多，其力度不能覆盖小额信贷的风险控制、经营范围和资产质量等方面的要求。其他正在探索的一些普惠性金融业务也面临着类似的问题，不利于普惠金融体系的建立、健全和发展。

四、可持续发展存在瓶颈

普惠金融体系的可持续发展是指机构本身提供的金融服务所产生的收入能够覆盖其运营操作成本和资金成本，以保证其收入大于支出。目前，除了农村信用社等极少数小额贷款机构外，国内的小额信贷机构普遍面临资金制约，缺乏有效的资金渠道。小额信贷机构不能吸收低成本的储蓄来扩展自己的业务，也不能从银行获得商业性贷款用于小额信贷，因此较难发展出可持续的小额信贷机构。在利率市场化方面，对发放小额贷款的利率仍有限制，这与国际上开展的小额信贷实行高利率或浮动利率不同，使得小额信贷缺乏吸引力，从而限制了小额信贷机构的财务可持续发展。

第三节　普惠金融体系与公共财政之间的关系

发展普惠金融体系已成为我国金融领域落实科学发展观、构建和谐社会面临的一个重要课题，当市场失灵之后，政府“看得见的手”责无旁贷地要进行干预。由于普惠金融供给成本高，资金风险大，服务对象对利率的承受能力较低，这就需要财政资金给予扶持。因此，发展普惠金融体系的过程中，需要积极发挥公共财政的职能。

一、财政的资源配置职能

随着商业化取向的金融改革的深化，资金的逐利性使得其流向呈现从农村流向城市，从小城市流往大城市，从不发达地区流向发达地区，从弱势产业流向强势产业的趋势，农村金融机构大量缺失，贫困地区仍然存在着非常严重的金融压抑现象。

针对这种现象，需要发挥财政的资源配置职能，通过发展普惠金融体系，将一部分的金融资源引入弱势产业、落后地区和弱势群体。通过开办中小企业信用贷款，支持中小企业的发展；通过开办农户小额信用贷款和农户联保贷款，支持“三农”；通过开办再就业小额担保贷款，支持下岗职工再就业，以此提高全社会资源配置的效率。

二、财政的收入分配职能

由于目前金融服务对象主要集中在大项目、大企业、大客户身上，中小企业、下岗失业人员和占我国人口绝大多数的农民的金融服务需求难以得到满足，金融机构“嫌贫爱富”造成的“马太效应”，导致弱势产业、落后地区和弱势群体因金融权利的匮乏加剧其经济和社会、文化权利的匮乏，扩大区域发展差距和社会财富占有的两极分化，从而损害了社会的公平。

对此，可通过财政的税收优惠、财政补助等多种手段，引导金融资源流向弱势产业、落后地区和弱势群体。通过引导社会金融资源（如福利机构），为那些缺乏市场准入条件的赤贫人群提供帮助，如通过助学贷款，支持贫困大学生上学。通过进一步优化金融资源配置效率，可以促进社会的公平，实现财政收入分配职能。

三、财政的经济稳定与发展职能

目前除了农村信用社等极少数小额贷款机构外，国内的小额信贷机构普遍面临资金制约，缺乏有效的资金渠道等难题，限制了普惠金融体系的可持续发展。

为了促进经济的稳定，保证普惠金融的可持续发展，就需要财政通过制度性的安排，发挥“自动稳定”的作用，消除普惠金融发展中的某些障碍，通过加大财政资金的转移力度，加强落后地区的基础设施建设和生态环境保护，为贫困地区提供更好的生产、生活条件，从而保证国民经济稳定与高速发展的最优结合。

第四节　我国发展普惠金融体系的财政政策选择

从各国发展普惠金融的经验来看，利率高低是普惠金融体系可持续发展的关键，有较高的存贷差才能弥补贷款成本。但与此相矛盾的是，普惠金融服务对象利率承受能力较低，这就需要财政资金给予扶持。通过税收优惠、财政贴息、财政补助等多种手段，引导金融资源流向弱势产业、落后地区和弱势群体，改善金融资源配置效率，逐步建立市场主导与政府扶持相结合、财政政策与金融政策相结合的长效机制。具体可以从以下几个方面着手：

一、对费用进行贴补

在普惠制金融的发展过程中，把风险补偿基金及贴息列为各级财政的固定支出科目。同时，改变目前小额贷款利率上浮的办法，对金融机构发放的小额贷款实行低息政策，由国家对这部分业务给予适当补偿。完善地方财政资金扶持办法，财政贴息比例不宜过高，可定在40% ~60%，从而扩大贴息范围，也可减少道德风险；在贴息方式上，财政每年的贴息资金可通过预算列支，经过人民银行财税库行横向联网系统划付到借款人账户。

二、实施税收优惠政策

参照国外的做法，可以对农村信用社免征所得税；对普惠金融体系提供的金融业务，可以适当减免营业税及附加，支持和鼓励普惠金融的发展。

三、运用财政贴息政策

将现有的财政资金划出一部分作为小额贷款的贴息资金、担保资金，撬动商业银行对普惠金融的信用介入。比如，可以从每年的财政收入中拿出一定资金用于农民参加农业保险的补助，通过发展农业保险降低贷款风险，从而降低贷款利率；可设立中央级农业巨灾风险基金，由中央、地方提供财政支持，对遭遇巨灾损失的农业保险公司提供一定程度的补偿。

四、加强财政政策与金融政策的协调配合

在欠发达地区的开发中，可通过财政转移支付、国债建设项目与政策性金融、商业金融的配套结合，放大财政资金的引导作用，扩大其政策效果。小额信贷品种开发要结合信贷的资金支持功能、科技的智力支持功能、财政的补贴引导功能及其他有利于小额信贷发展的其他部门的功能紧密结合，多方面支持农民和困难群众创业，为弱势群体的创业提供事前、事中和事后的支持，最大限度地增强财政金融政策的实施效果。

五、完善普惠金融担保体系

出台相关财政政策和措施，支持成立各类担保组织，解决弱势群体和县域中小企业融资担保问题。同时，完善相关法律，修订《物权法》、

《贷款通则》等法律法规，使其适合新形势下普惠金融发展的需要。

六、发挥财政对普惠金融体系的管理与监督作用

普惠金融的综合性和个性化要求财政部门应当加强监督和管理。其中，金融机构的内部控制是财政监管的基础。如果金融机构消极被动地接受监管只会增加监管成本。金融机构积极主动地优化内部控制和风险管理是其健康运行的基础。通过财政监管，有利于金融机构在社会舆论和社会公众的约束下自觉为弱势群体、弱势产业和落后地区提供金融服务。

第 9 章

国债余额管理、国库现金运作及货币政策协调

第一节　实行国债余额管理制的背景分析

1981 年以来，我国一直实行逐年审批国债发行额的制度管理国债筹资活动。2005 年末，十届全国人民代表大会常务委员会第四十次委员长会议批准，从 2006 年起国债发行将实行余额管理制度。将年度国债发行额管理制改为国债余额管理制，是我国完善国债管理、货币政策管理以及尽早推出国库现金管理的客观需要。

一、实行余额管理制是完善国债管理的需要

近几年来，随着国债规模不断扩大，年度发行额度管理制度已难以满足国债管理的需要。

第一，年度国债发行额不能准确反映国债规模及其变化。所谓国债规模，一般是指政府历年预算差额之和，是政府今后年度里必须偿还的国债价值总额，即国债余额，它不同于年度发行额，因为国债借新还旧并不改变国债余额。显然，只关注国债年度发行额并不能显示对国债规模管理的充分必要性；而且国债到期需要偿还本金，如果做不到及时发行国债筹资，会造成违约风险，降低国债信誉。

第二，年度发行额管理制度不是国债规模管理的最佳方式。在这种管理制度下，财政部每年发行的国债规模，应当等于“政府预算赤字额度与当年到期国债需要还本付息的额度”的总和。这个额度一经全国人民

代表大会通过，就不能轻易改变。为了控制国债发行额的较快增加，财政部通常尽可能少发中短期国债，多发长期国债，这种方式会导致两个问题：一是多发长期国债使得国债存量每年滚动增加数量较大，例如 2004 年国债发行量较 2003 年增加了 895 亿元，但 2004 年末的国债余额却比 2003 年增加了 2470 亿元，余额的增加大大超过了年度国债发行量的增加。如果只注意当年国债发行量而忽视国债余额的管理，不仅不利于科学合理地调整国债期限结构，加大国债筹资成本，也不利于对政府债务风险的有效防范。二是由于缺少短期国债，特别是一年内的短期国债，会使债券品种定价缺少比较基准，一定程度上导致商业银行、保险公司、国债基金、货币市场基金、债券基金等机构投资者在进行国债投资时出现的"长债短炒"的扭曲现象，不利于财政部进一步发债，国债也很难真正成为流动性管理工具和重要的组合配置资产。

二、实行余额管理制是完善货币政策管理的需要

国债政策不仅是财政政策，同时也是一项货币政策。在执行货币政策时，国债往往在中央银行的公开市场操作中充当吞吐基础货币的工具。在美国等一些发达国家，公开市场操作的工具，最主要的是国债，其中尤以短期国债居多。然而，国际市场上最重要的国债却在中国货币市场上担当次要角色。以 2006 年 2 月 9 日银行间市场的交易数据相比，中央银行票据成交 435 亿元，而国债成交仅有 32 亿元，不足一成。其原因在于，国债的期限较长，发行规模较低。这就造成公开市场业务操作中缺乏有效的工具，中央银行于是被迫放弃国债作为公开市场标的物，从 2003 年 4 月起发行中央银行票据来充当这一职能。

中央银行为了控制货币市场的流动性而发行中央银行票据，是不得已的一个"次优选择"。由于市场货币充足以及外汇占款大幅增长，中央银行票据的余额快速增长，成为银行间债券市场上第三大可交易品种。这么大量的资金只在金融系统内部循环，其沉淀资产既得不到充分利用，中央银行却还要承担支付利息的成本。此外，中央银行票据的大量发行给金融机构和进入银行间市场的企业代理户提供了大大高于同期限定存款的超额收益，并使得中央银行可以直接影响市场的中长期利率，影响商业银行的资产配置。若要从根本上解决这些问题，大量发行短期国债替代中央票据是最为重要的一条途径。从客观上讲，财政部加强短期国债的发行，不仅有利于中央银行进行公开市场操作，而且有利于财政政策和货币政策的协

调配合。随着国债市场作用和地位的提高，货币政策的传导机制也将越发完善。

三、实行余额管理制是开展国库现金管理的需要

近年来，在大量发行中长期国债的同时，我国政府在中央银行账户中的国库现金经常保持在较高规模水平上，国库现金管理问题日益凸显。据1997～2005年全国财政在中央银行的季度末存款余额的统计数据，我国国库存款余额整体上呈逐年攀升的态势。其中，1997～2000年国库存款余额保持着缓慢、平稳的增长；2000～2005年国库存款余额增长迅速。比如，2003年月终最大存款为6601.61亿元，2004年增至9902.89亿元，2005年则高达10665.78亿元。

我国国库现金在不断波动运行之中呈现出以下三个典型特征，不能不引起重视。第一，国库现金在较高规模上波动，大量资金留在国库，意味着资金闲置与效益缺失；第二，国库现金集中存放在中央银行，其非常规波动，意味着必然增加中央银行调节基础货币与实施货币政策的难度；第三，国库现金来源中的负债性比重不断上升，2003年中央债务余额占中央财政总支出的比重是1998年的1.14倍，是1995年的1.65倍，意味着国库现金运转成本的增加。总之，一方面花费利息等成本开支借入大量资金，一方面又有大量资金闲置而得不到有效利用，我国宜尽早关注、逐步建立并不断完善适合我国国情的国库现金管理制度，改进国库现金的调度、使用以及与国债发行匹配，以求达到标本兼治之效。

第二节　余额管理制下的国债发行与国库现金运作

余额管理制是当今世界主要发达国家普遍采用的一种控制国债规模的制度。美国从1917年起，即开始实行对国债筹资设置最高限额的方式，国会不再审批国债发行额度。在德国、法国、日本以及加拿大等国家，其立法机关通常在审批政府向国会提交的预算报告时一并审批预算赤字或预算盈余，只控制国债规模的增减量，将国债借新还旧部分授权财政部自行运作。实际上，无论是控制国债限额还是控制预算差额，本质都是控制国

债余额。只不过前者强调存量，后者注重流量。国外实践表明，实行国债余额管理，可赋予政府和财政部门灵活调整国债结构的权力，有利于合理安排国债期限结构，降低国债筹资成本，控制国债利息支出，提高国债市场的流动性、国债规模管理的科学性，并进一步促进国债的顺利发行。

一、余额管理制下的国债发行

2006 年，我国开始实行国债余额管理制度，国务院委托财政部在向全国人民代表大会作预算报告时，报告年度预算差额和年末国债余额，全国人民代表人会在审批预算报告时，只审批年度预算差额和年末国债余额，不再审批国债借新还旧，授权国务院自行运作，对于预算执行中由于出现特殊情况确实需要突破年度预算差额和年末国债余额最高限额时，由国务院提请全国人民代表大会审批。在余额管理制下，财政部可以做到定期、均衡和滚动发行国债，并使短期国债余额保持相对稳定的水平。同时，为了减少以后年度的国债利息支出，以及控制以后年度的国债利息成本，将少发浮动利率国债，多发固定利率国债。合理的国债结构有利于扩大投资者的国债购买量，促进国债顺利发行，又能减轻国债利息负担，并有助于防范政府债务风险。

增大短期国债发行的规模与频率，逐步形成适合我国国情的短期国债滚动发行机制，是实行国债余额管理制的直接结果。一般来说，短期国债的期限设计与发行应当坚持“三化”原则，即期限的多样化、发行的经常化和利率的市场化。在期限的多样化上，要做到短期国债的期限设计应当以 3 月期和半年期为主，辅之以 1 个月、9 个月和 1 年期。经过市场的取舍，可将短期国债的期限稳定下来；在发行的经常化上，不受财政年度的限制，即不一定要与财政年度相符合，可采取连续而有规律的办法进行，比如每周一次或每月一次，坚持常年发行，这样做一方面可保证短期国债的周转性，另一方面又使之保持适当的余额，以调整国债的期限结构，同时可满足公开市场业务经常吞吐的需要；利率的市场化是保证国债顺利推销出去的重要条件，短期国债利率是货币市场中的最低利率，应与银行同业拆借市场的同期利率持平，高于比之期限较短的拆借利率。通过发行短期国债，可将短期国债市场与其他货币市场联结在一起，并形成一个恰当的短期货币市场利率体系。

二、余额管理制下的国库现金运作

国库现金管理首先出现在20世纪70年代末期的西方发达国家，已经过20多年的发展历程。时至今日，我国尚未正式开展国库现金管理。从国外实践看，国库现金管理是通过合理使用政府资金资源，以最佳的方式利用国库现金与易变现资源，优化政府财务状况，提高预算执行系统效率的管理活动，其目的在于控制支出总额，有效实施预算，使政府借款成本最小化，使政府储蓄和投资的回报最大化，实现财政政策与货币政策之间的协调，从而使政府及其公共组织受益。

比如，美国财政部认为国库现金管理职能有三个方面：一是消除闲置的现金余额，通过回购优质债券或者用于投资而获取收益；二是政府应收资金应立即转变为现金并尽快存入国库账户中；三是准确及时实现支付。英国财政部认为国库现金管理的具体目标表现在两方面：一是实现政府长期融资成本最小化或货币市场贷款收益最大化；二是以低成本、高效率的方式实现债务风险管理，并避免与货币政策相冲突。可见，尽管不同国家的理解不尽相同，但又不乏相似之处。

为有效管理国库现金，发达国家逐步建立起较为完善的管理制度。其中，规范的短期资金筹措机制与现实的国库现金盈余的投资安排，是开展国库现金管理的重要方面。在短期资金筹措中，一方面，需要依据国库现金流的波峰与波谷分布，定期均衡地发行短期国债，科学合理地安排中长期政府债券的期限结构及政府债务兑付时间；另一方面，需要依托于货币市场开展国债回购交易融入资金，用于平衡年度内季节性国库收支余缺。最终实现灵活地调节国库现金存量与流量的目的，并充分利用资金的时间价值与现金的机会成本，寻求成本—效益之间的最佳平衡点。在盈余现金投资方面，在法律允许及保证国库现金安全的前提下，在商业银行开设存款账户管理国库现金，通过货币市场双边运作投资现金余额，将相当规模的国库现金继续存放于中央银行，通过这三种渠道与短期资金筹措相协调，熨平国库现金的波动，消除国库现金运行对货币政策的影响，提高国库资金的使用效益与运作效益。

我国虽未在全国全面开展国库现金管理，但国务院于2001年3月批准《财政国库管理制度改革试点方案》，由此拉开我国财政国库管理改革的帷幕。随后，国库现金管理作为一个全新的事物开始步入我们的视野与生活。2003年1月，我国开始实行国库存款计息制度；2003年6月，财政部对第五期国债采取发行后推迟三个月缴款的做法；2004 年 8 月，财政部首次以混合式招标方式提前兑付三期总量近 900 亿元的记账式国债。2006 年，国务院授权财政部对中央国库现金进行管理运作，财政部可根据国库存款余缺情况，有条件地发行短期国债，提高国债市场流动性，降低国债筹资成本，调节和稳定国库现金流量，并实现与中央银行货币政策的有效配合。

三、政府债务管理与国库现金管理的协调配合

政府债务管理与国库现金管理，既有交叉，又有差别，相互影响，相辅相成。从国库现金管理对政府债务管理的影响角度看：第一，国库现金管理可以减少资金闲置，提高国库资金使用效益，控制支出增长和减少政府债务增长。第二，国库现金管理可以使一部分中长期国债被短期国债或其他融资方式替代，减少政府债务余额和利息支出，降低年度借债净规模。第三，规范国库现金管理可以提高市场流动性，为市场提供示范和基准，提升市场参与者信心，降低国债发行成本。

从政府债务管理对国库现金管理的影响角度看，第一，短期国债作为政府债券品种之一，是调剂国库头寸的主要手段；第二，政府债券期限结构的合理安排，有助于改善国库现金管理的压力；第三，政府中长期债券通常可以成为国库现金市场拆借的载体之一，有助于国库现金管理的有效开展。在预算收入较多月份发行中长期债券会使国库现金较多，不利于国库现金管理；在预算收入较少月份发行中长期债券则非常有利于国库现金管理。当预算收支状况恶化时，应增加中长期债券的期限种类、发行次数和发行数量；反之，则应减少。此外，定期从二级市场买回长期债券，可以避免债务平均期限变长，降低债务筹资成本和提高市场流动性。这些举措既可弥补预算收支差额，又有利于国库现金管理。

因此，国库现金管理与政府债务管理需要有效协调与配合。但是，国库现金管理与政府债务管理相互协调需要一定的制度环境与前提条件，即实行国债余额管理制度，政府债务期限结构科学合理。基于此，才能有效地管理国库现金与政府债务。只有在实行国债余额管理制度后，建立起定期、均衡的短期国债发行机制时，短期国债成为国库现金管理的主要工具，相应地，政府债务管理的主要工作则是中长期国债管理。这时，政府债务管理与国库现金运作才有可能融为一体。

第三节　政府债务与现金管理同货币政策管理的关系协调

从理论上讲，国债余额管理制度不仅赋予了国债更强的财政筹资与管理职能，还赋予了国债同样重要的金融与货币政策管理功能，而后一功能主要通过中央银行的公开市场操作发挥出来。从当前情况看，国债余额管理制度实现后，短期国债将同中央银行票据共同发挥公开市场操作中的调控职能，并将在不太遥远的未来逐步替代中央银行票据在公开市场操作中的地位。在此过渡期间内，如何协调短期国债以及中央银行票据之间的关系，是一个相当现实的重要问题。进一步讲，短期国债的发行主体是财政部，公开市场操作的主体是中央银行，二者之间虽有共同利益，但又不乏矛盾之处，需要密切关注并切实处理好国债管理、国库现金运作以及货币政策之间的关系，也唯有在三者之间建立起完善、透明、经常的信息传递机制，国债余额管理才能实现多样化目标，避免宏观政策冲突的出现。

一、政府债务、现金管理与货币政策管理在政策决策与机构设置上实现完全分离

保持中央银行的相对独立性，既是一个重要的理论问题，又是一个现实问题。为保证中央银行的独立性，一般要求财政不得向中央银行透支；中央银行不得直接认购、包销国债和其他政府债券；财政部一位负责人参加货币政策委员会，但一般没有投票权；财政部负责政府内、外债务管理，中央银行负责其他的全部对内、对外金融活动。

政府债务与现金管理是财政部的重要职责之一，并对货币政策有一定程度的影响，在政策决策与机构设置上应该实现与货币政策的完全分离，这也是国际社会通行的做法。这是因为，有时候，货币政策管理要求提高利率，而债务、现金管理为实现借债成本最小化可能要求降低利率，由此两者之间产生矛盾。此外，债务、现金管理本不适合由中央银行具体管理，否则会导致债务、现金管理与货币政策之间出现冲突，并可能引起市场种种猜测。因此，实践中，需要采取措施保证财政与中央银行独立做出各自的政策决策与管理战略。

需要特别指出的是，两者在政策决策与机构设置上的完全分离，不影响两者之间在必要时开展高效的协调配合。货币政策的制定、国库现金管理的操作，都需要密切关注、分析与预测国内、国际宏观经济形势变化以及微观经济运行状况。在这些方面，财政与中央银行加强合作与信息共享，对双方都有益处。因此，建立专门的财政与中央银行工作协调委员会或松散的经常性沟通渠道，处理各种需要协调配合的事宜，加强双方信息交流、磋商与合作，减少摩擦，有助于确保政府财政、货币政策的协调执行。

二、中央银行为财政部开展债务、现金管理提供必要的服务

国库资金本质上是财政资金，国库现金的管理主体也必然是财政部门，各政府部门、预算单位财政存款账户的设立、撤销、调整均需经财政部门同意，并按财政部门的具体要求开设。但中央银行负有为政府开设与维护国库单一账户的责任，要收集与整理国库资金每日变动以及日终余额信息，及时与财政部门之间实现信息共享。换个角度看，政府资金的规模、流量及其波动情况，也是中央银行制定与实施货币政策时需要考虑的一个重要因素。因此，中央银行也需要从货币政策的角度对国库现金流入与流出做出预测。而财政部为有效管理政府债务与国库现金，同样需要建立国库现金入流出预测机制，安排专职人员负责这项工作。因此，中央银行与财政部密切配合，有助于双方开展各自的工作。

市场经济条件下，政府债务与现金管理机构通常选择中央银行作为其结算、清算机构，这样做可以利用本国中央银行清算网络以及与国际清算组织之间建立起来的电子网络，为债务与现金管理提供极大便利。此外，国库现金管理在货币市场上的操作一般在下午四点之前结束。对于在此之后可能出现的现金盈余，财政部门则来不及进行运作。这时，通过中央银行对货币市场关闭之后出现的现金余额采取适当的形式进行投资，可以实现国库资金收益的最大化，也有助于中央银行的货币政策管理。

尽管多数国家的法律明确规定，财政不得向中央银行透支资金。但是，在特殊情况下，可以通过协议、代理、抵押等方式向中央银行融通短期资金。如美国财政部可以向联邦储备银行借取期限只有几天的款项，而且必须以财政部发行的特别国库券作为担保。而瑞典则可以在特殊情况下通过代理银行向中央银行借款。除上述内容外，中央银行还可以接受财政的委托为其代理其他一些特定业务。

三、政府债务、现金管理为中央银行货币政策管理提供必要的便利

财政部门作为国库现金管理与运作的主体，是货币市场上的投资、融资者，可以追求债务成本最小化，但不以投资获利最大化为目标，这样有利于保证财政部不利用自身的优势干预利率决策。此外，财政部掌握着国库资金运作的主动权，为中央银行实施货币政策考虑，应及时将国库现金管理相关信息提前告知中央银行，以免对货币政策形成重大冲击。

固定、均衡地发行短期国债，是财政部筹措资金、开展国库现金管理的重要手段。这一做法有助于形成短期债券的基准收益率，为中央银行的货币政策操作提供良好的基础条件；可以使中央银行及商业银行持有足够数量的短期国债，为中央银行公开市场操作提供基本前提；可以完善货币市场以及短期国债市场，从而为中央银行公开市场操作提供了又一重要条件。此外，财政部还可应中央银行要求发行特定的短期国债，帮助中央银行管理货币市场或实施特定的货币政策。

财政部适时适度开展货币市场运作，比如，财政部依托于银行间债券市场，以债券承销机构作为交易对手，进行债券回购或回售、买入或卖出，是财政部门开展国库现金管理的重要方式之一，也是财政部门适时调控债券市场的客观需要，能在一定程度上促进货币市场和债券市场的发展与完善，有助于完善中央银行货币政策的操作环境。但是，对财政部在货币市场上运作的交易工具、交易对象、交易时间、交易金额等问题，财政部门应与中央银行沟通、协商、达成一致，明确规定下来，并及时向社会公布、公开，避免与中央银行公开市场操作相冲撞，确保政府各项政策的顺利、协调执行。

第 10 章

建立市政债券制度的理论与政策

第一节　市政债券理论概述

一、市政债券的概念和特征

（一）市政债券的含义

所谓市政债券，具体是指由地方政府或其授权代理机构，为满足地方经济和社会公益事业发展的需要，根据本地区社会经济发展状况和资金短缺程度，在承担还本付息的基础上，按照有关法律的规定向社会公开发行的一种债券。市政债券是地方政府筹措建设资金的一种手段，所筹集资金主要用于城市或地方基础设施建设，如桥梁、公路、隧道、供水、供气、废物处理等公用设施。

（二）市政债券的种类

目前，我国尚没有真正意义上的市政债券。在全球范围内，美国的市政债券发展历史最为悠久，制度体系也比较成熟。我国相关专家在研究市政债券制度问题时，普遍采用了美国的分类方法。[①] 在美国，市政债券一般可分为两类：一是直接由政府出面发行的，以政府一般征税能力为担保的债券，这种债券被称为一般责任债券（generally obligation bond，简称

---

① 杨辉：《市政债券发行规则与制度研究》，经济科学出版社 2007 年版。

go bond)；二是由地方政府特定的事业收入为担保来发行的债券，又称收益债券（revenue bond)。收益债券的发行人不一定是政府，政府的代理机构和授权机构也可发行。

（三）市政债券的特点

市政债券与公司债券、企业债券在发行主体、发行目的、发行约束等债券要素上有很大的区别，因此形成了非常鲜明的特征。与国债相比，市政债券虽然有很多相似的要素，但是在信用评级和募集资金使用范围上也有其特性。从国际经验来看，市政债券一般具有以下几个基本特征：

第一，信用较好。市政债券以地方政府特定建设项目的收益作为还款来源，尤其是一般责任债券甚至可以以地方政府税收收入进行还本付息，因此市政债券的违约率是比较低的，信用水平要高于其他类型的债券，可以说仅次于“金边债券”国债，这也是市政债券素有“银边债券”之称的原因。

第二，融资成本较低。由于市政债券发行、管理都比较规范，还款来源有保障，违约率较低，而且还可以通过金融担保和保险公司的参与进行信用增级，所以相对于公司债、金融债，市政债券的融资成本较低。

第三，使用范围明确。在发行市政债券的国家，法律法规一般会对其募集资金的使用范围进行规定，大多数情况下募集来的资金会用于社会公益性项目和基础设施建设，从而为地方的经济社会发展提供相应软硬件支持。

第四，期限较长。由于市政债券募集的资金主要用于建设周期较长的项目，所以市政债券的期限也较长，最长可达三四十年。期限较短的市政债券主要是以短期内周转地方财政资金为目的发行的，所占的比例较低。

第五，流动性良好。在资本市场比较发达的国家，大多建立了比较完善的地方债券市场，市政债券作为一种投资工具，交易非常方便、频繁，从而保证了市政债券良好的流动性。①

二、市政债券制度的理论基础

（一）公共物品理论

公共物品是为了满足集体的社会性的共同需要由国家和政府提供的商

① 张雷宝：《公债经济学：理论·政策·实践》，浙江大学出版社 2007 年版。

品和服务。公共物品具有两个特征：非排他性和非竞争性。[①] 非排他性是指一些人享用公共物品带来的利益不能排除其他一些人同时从公共物品中获得收益；非竞争性是指消费者的增加不引起生产成本的增加，这意味着市场对提供公共物品存在失灵。因此，公共物品的有效供给通常需要政府行动。

按照受益范围，公共物品可以分为全国性和地方性公共物品。前者受益范围覆盖全国，后者受益范围仅限于特定地域。地方性公共物品的成本应由特定地域的居民负担，具体应由相应地方政府提供。地方性公共物品大致可以分为纯公共物品和准公共物品。纯地方性公共物品包括基础教育、公共卫生、环境治理、公共安全等，不以收回投资为目标，事实上也很难收回投资，因此地方政府可以发行一般责任债券为此类物品融资，以地方经常性财政收入作担保。准公共物品既包括地方交通设施、给排水工程、通信设施、区域电力供应、环境卫生设施等地方基础设施，又包括一些社会效益明显且能产生较大外部性的基础产业，上述项目建成后，可以在一段时间内产生一定的收益，如果项目本身取得的现金流足够稳定和充足来保障还本付息，那么发行收益债券筹集所需资金是地方政府的恰当选择。

（二）财政分权理论

所谓财政分权，是指处理政府间财政关系的体制安排，在保证效率与公平的原则下，综合考虑各级政府的职能或事权范围的基础上，以法律的形式明确各级政府拥有的相对独立的财政收入与支出责任。

财政分权理论明确提出分税制思想。实践表明，分税制是符合市场经济原则处理政府间财政关系的基本制度形式。中央和地方政府间通过分配税种进行适当分权，从而使地方政府拥有相对独立的财权。然而，财权并不等同于财力，由于地方间经济发展水平不同，即使划分了财权，分配了相应税种，地方政府也不一定筹集到可以满足事权支出的财力。因此，当地方政府的税收收入、收费收入、转移支付收入不足以支付地方社会、经济、文化发展所需资金时，地方政府通过发行债券的形式融资就是合理选择。由此可见，举债权是分税制赋予各级地方政府应有的财权之一。

---

① 陈共：《财政学》，中国人民大学出版社2012年版。

（三）公共支出理论和代际公平原则

代际公平是指当代人和后代人在利用自然资源、满足自身利益、谋求生存与发展上的权利均等。财政支出按照其所产生收益的时间分为经常性支出、资本性支出和净贷款三大类。其中，经常性支出形成当期受益的公共物品，其补偿方式应为税收收入；资本性支出则形成长期使用的固定资产，部分在当期受益，更多的是在以后较长时间内受益，其补偿方式有两种，一是通过税收补偿本期享用的公共物品，二是政府发行债券补偿远期享用的公共物品。

因此，经常性支出应该通过税收收入来承担，资本性支出则大部分应该由举债筹集的资金来承担。地方公共产品的支出大多属于资本性支出，这是地方政府发行市政债券的理论依据之一。

（四）信用和信用制度理论

信用是以借贷为特征的经济行为，其实质是财产使用权的暂时让渡，这种让渡不是无偿的，而是以还本付息为条件的。信用与债务是同时发生的，是借贷活动的两个方面。一定时期内，并非每一个经济单位都能做到收支平衡，当一个经济单位出现资金盈余，而另一个经济单位出现收支不抵时，便形成了双方借贷关系的基础。因此，当地方政府出现财政缺口时，以政府信用为担保来发行市政债券融资，不仅可以弥补地方政府资金短缺，而且可以提高社会资金效益，增加社会产出规模和社会福利水平。

所谓信用制度，是指约束信用主体行为的一系列规范与准则及其产权结构的合约性安排，是确保资金安全和经济行为高效的重要保障。发行市政债券也需要制定有关信用问题的各种法令法规，逐步完善相关制度设计，这对整个社会的信用发展乃至经济秩序的稳定都是十分重要的。

第二节　市政债券制度的国际经验

一、兴起与发展

（一）美国

美国是市政债券的起源国，发行历史可以追溯到 1812 年。美国市政债券的兴起与大规模的基础设施建设，如铁路、运河、公路的修建等紧密相关。纽约州首次采用发行债券筹集资金的办法开凿伊利运河，仅用 5 年时间运河就得以竣工。纽约州的成功经验对其他各州产生了很大影响，他们相继仿效纽约州发行债券来募集基础设施建设资金。[①] 总体看，美国州及州以下地方政府的市政债券发展之路是十分不平坦的，规模起伏不定，区域分布也很不均衡，少数几个州的市政债券发行额占到了全部地方政府发行总额的一半江山。

1996 ~ 2011 年期间，美国城镇化率从 1996 年的 77.62% 上升至 2011 年的 82.38%。除个别年份外，市政债券发行额基本呈现震荡向上的走势，从 1996 年的 1852 亿美元增加至 2010 年的 4331 亿美元，累计增长 133.86%。在美国，公用事业的最主要融资工具是市政债券，占比为 90% ~ 95%。比如，水务事业有 85% 来自市政债券融资，政府财政投资仅占 15%。

（二）日本

日本地方政府的举债行为最早可以追溯到明治初年 1868 年。1879 年，日本确立了“举借地方政府债务必须通过议会决定”的原则，从此开始建立地方政府债务制度。市政债券对日本战后地方财政发展有非常大的意义，特别是在经济增长速度减慢的 20 世纪 60 年代后期和受到“石油危机”冲击的 20 世纪 70 年代，单纯依靠财政收入远远无法满足刺激经济复苏的支出需求，于是日本地方政府采取了发行市政债券融资的办法，1975 年发行地方债券 32598 亿日元，1990 年增加到 64162 亿日元，1995

① 韩启明：《建设美国：美国工业革命时期经济社会变迁及其启示》，中国经济出版社 2004 年版。

年又增加到171175亿日元。[①] 在市政债券规模不断扩大的情况下，日本地方财政规模也逐年增大，发行市政债券已经成为维持地方财政、扩大财政来源的重要手段。

目前，日本是全球仅次于美国的第二大市政债券市场国家，2010年全国发行地方债达74821.22亿日元（约合1000亿美元），地方债筹集的资金占地方总收入的比例，从1980年的10.6%上升到1996年的15.2%，地方政府对本级债券的依赖程度达到20.5%，在地方财政收入中占第3位。

（三）欧洲

市政债券在欧洲各国的发展状况不尽相同，总体上看虽然没有美国和日本发行市政债券的历史悠久、规模大，但是包括德国和瑞典在内的一些发达国家，市政债券的发展也比较成熟。

瑞典自从1970年开始分权以来，地方自治体的自主性得到充分保障。根据地方债券发行自由的原则，地方具有税率决定权。2002年以后，瑞典的地方债发行规模呈逐年稳步上升趋势，于2009年达到峰值。在瑞典地方债市场中最受关注的是地方政府的共同筹资机构——瑞典地方金融公社。该机构是地方政府自发出资设立和运营的政府性金融机构，而实际出资者也是从该机构进行贷款的地方政府，该机构为非营利性质，它凭借信用发行债券筹集资金，并以此为资金来源，向国内的地方政府、地方公营企业提供低息贷款和财务顾问服务。[②]

德国是联邦制国家，其政府级别包括联邦政府、16个州政府和12291个市政府。德国《基本法》规定，联邦、州和地方三级政府拥有独立自主的财权，遵循政府财权与事权相一致的基本原则，实行三级独立预算体制。各地方政府、地方性公共机构都可以作为市政债券的发行人。地方自治是德国地方政府的基本特征，其地位受到联邦宪法和州宪法的保障。当地方政府作为市政债券发行人时，所融资金一般用于地区市政基础设施的建设；当地方性公共机构作为市政债券的发行人时，所融资金一般用于与该公共机构相关的市政基础设施建设和营运。

除此以外，德国抵押银行也可以发行市政债券，并且是其再筹资活动

---

① 王朝才：《日本财政制度》，中国财政经济出版社1998年版。

② 郝雨时："我国市政债券融资的理论研究与制度设计"，苏州大学博士论文，2013年。

的最重要的工具。由抵押银行发行的市政债券多用于为中小市政债券提供无担保贷款。当抵押银行发行市政债券时，不仅要服从银行界的一般监管程序，而且还必须处于政府和抵押银行法有关条款的特别监督之下。2007年以后德国市政债发行量逐年上升，截至2010年底德国地方债券余额达1.02万亿美元。

二、制度框架

市政债券制度的核心矛盾，是债务管理中集权与分权的关系。一国究竟采用倾向于集权还是倾向于分权的市政债券管理体制，受其历史文化传统、中央与地方关系、地方政府治理水平、金融市场发育程度等多种因素影响。美国是联邦制国家，资本市场比较发达，市场经济制度比较健全，因此州政府被赋予了较大的管理市政债券的自主权，可以自行决定本州范围内地方政府发行债券的管理权限。日本是单一制国家，其财政制度是在明治维新时建立起来的，因此从诞生之日起就有明显的中央集权印迹。在2006年以前，日本实行严格的“审批制”，地方政府没有真正意义上的举债权，过度依赖中央政府的指导和安排，缺乏积极性和主动性。分权改革后，市政债券管理从“审批制”转向“协商制”，地方政府可以在经地方议会批准后，与中央政府就发行债券问题进行磋商，使得日本地方政府在控制风险的基础上获得了更多的发债权力。[①]

（一）市政债券的管理机构和审批机制

世界上大部分国家都在中央层次建立管理市政债券的机构，根据是否独立于财政部，可以分为两种情况。一是该机构内设于财政部，由财政部统一管理，这是目前大多数国家的做法。二是该机构独立于财政部，但仍需向财政部汇报相关情况。

市政债券管理机构设立于财政部内部有以下优势：一是财政部承担地方政府债务的救助责任，为市政债券偿还提供了更多保障；二是可以有效发挥财政部在宏观经济管理方面的综合能力和信息优势；三是财政部掌握地方政府债务更加全面和准确的信息。

市政债券管理机构独立于财政部有以下优势：一是财政部可以更专注

① 孙维：“当前我国发行地方政府债券的模式选择与制度设计”，财政部财政科学研究所硕士论文，2012年。

于预算编制执行、经济预测等工作；二是独立的市政债券管理机构更有利于接受监督，避免政府直接干预借贷政策。

美国地方证券市场比较发达，因此将监管地方政府证券市场的职责赋予了全国和地方的金融监管部门，即美国证券交易委员会市场监管部的市政债券办公室和美国市政债券规则委员会。日本地方证券市场不够发达，地方政府主要以银行债务融资为主，但是对于市政债券的管理也和金融监管部门有很大关系。财务省参与制定中央政府对地方借款计划，自治省负责制定地方政府债务计划，代表地方政府与财务省和内阁进行协商。

根据美国各级政府的职责分工，财政部是联邦政府债务的主管部门，负责联邦财政债券的发行和管理。各州及州以下地方政府的财政部门是本级政府债务的主管部门，负责本级政府市政债券的发行和使用。同时，在联邦层次主要由美国证券交易委员会市场监管部的市政债券办公室和美国市政债券规则委员会两个机构负责对市政债券进行监管。美国证券交易委员会对市政债券的监管管理程度远远小于对企业债券和股票的监督管理程度。市场监管部的市政债券办公室的权力主要有两个方面：一是根据反欺诈条款对市政债券的参与主体进行事后监管；二是制定或者委托制定约束市政债券参与主体行为的规则并对这些参与主体提出信息披露的要求。美国市政债券规则委员会是市政债券的行业自律组织，为了保证市政债券公平的交易，防止市政债券市场发生欺诈和操纵事件，美国市政债券规则委员会负责制定包括从业资格标准、公平交易、簿记、交易确认、清算和交割等在内的市政债券规则。

在美国，现在约有8.3万多个州、市、县等地方政府部门具有发行市政债券的权力，并不需要上一级政府的批准或同意，即州发行市政债券不需要得到联邦政府的批准，州以下的地方政府发行市政债券也不需要得到所在州的州政府的批准。美国《证券法》规定地方政府发行市政债券不需要报告和登记，因此是否发行市政债券，完全由本级政府决定。尽管联邦政府对地方政府发行债券的审批限制很少，但许多州级法律对州及州以下地方政府发行债券进行了限制。通常来说，市政债券的授权或批准主体包括：全体选民、议会、政府财政部门、专门委员会等，发行不同种类债券所需授权或批准的主体也不尽相同。发行一般责任债券一般需要经过高层次机构（如议会、全体选民）批准，而发行收益债券需要审批的机构层次相对较低。

从2006年起，日本市政债券的管理体制开始由“审批制”向“协商制”转变，这一改革赋予地方政府在发行债券时更多的选择权。要求发行债券的地方政府，首先需要经过地方议会的批准，然后就债券的发行问题与中央政府进行磋商，并由总务大臣审核地方政府的财政状况和债券偿还能力。最后，地方政府还要与金融机构协商债券利率等相关问题。

日本中央政府对地方政府发行市政债券进行严格的监管，除了上面提到的审批制和协议制，中央政府对市政债券的发行还要实行计划管理。第二次世界大战后，日本中央政府每年都要编制地方政府发行债券的计划，包括地方公债发行总额、用途、发行方式等。在实际执行上，地方政府发行债券的计划要晚于中央预算，这主要是因为要等待中央的财政投融资计划编出来后，才能具体编制地方政府发行债券的计划，该计划是财务大臣与总务大臣协商制定的。

审批、协商制度和市政债券计划相互配合，有效地抑制了市政债券的膨胀，加强了中央与地方财政的联系和中央对地方财政的指导。但这一制度也存在非常重大的缺陷，即计划有余而灵活不足，一切都以中央政府计划为导向，而非以地方居民的现实需要出发，从而导致公共产品供给的低效与浪费。

（二）市政债券的种类

美国对于市政债券是按照还款来源进行分类，分为一般责任债券和收益债券两类，前者是以发行机构的全部声誉和信用为担保并以政府税收为支持的债券，而后者则是与特定项目收益相联系，其还本付息来自于特定项目的收入，该分类方法更有利于明确责任主体、保障偿债资金、管理债券风险。在相当长的时间里，州与地方政府长期债券大多数都是一般责任债券；20 世纪 50 年代以后，收益债券开始大量出现，债务余额不断提高，1980 年首次超过一般责任债券。近年来，收益债券债务占市政债券债务的比例维持在 60% 左右。

此外，美国债券市场还出现了市政债券的衍生产品，如换新债券（Refunded Bond）和息票剥离债券（Coupon Stripping Bond）。前者通常发生原始债券被代管或在政府直接担保的情况下，如果代管基金中的证券产生的现金流可以和原始债券的现金流匹配得当，那么换新债券就由代管基金中的证券来担保支持，而不再是一般责任债券或收入债券。这类债券几乎没有任何信用风险，是最安全有效的市政投资债券。后者主要是通过拆分新发行的债券或二级市场上流通债券的现金流，把原债券的息票利息支付和本金支付分成多个独立的债券种类，使得新创立的债券具有不同的收益和价格波动性特征，以有效控制风险和收益变化。

日本市政债券包括地方公债和地方公企业债两种类型，以地方公债为地方债券制度的主体。地方公债是指地方政府直接发行的债券，其募集资金主要用于地方道路建设、义务教育设施建设等公用事业；地方公企业债是由地方特殊的公营企业发行、地方政府担保的债券，其募集资金主要用于下水道、自来水和交通基础设施等方面。

（三）市政债券的发行

美国市政债的发行方式主要有两种：公募和私募。其中，公募又分为竞标承销和协议承销。一般责任债券主要是以公开竞标方式发行，收益债券则主要是以协议承销方式发行。据统计，在美国地方政府目前已发行的债券中，采用协议承销公募方式的为84%，竞标承销公募方式的为15%，而私募方式仅为1%。在公募发行方式下，竞标承销能提供一个最具竞争力的价格，因此信用评级较高的知名承销商采用这种发行方式更为有利；协议承销方式的销售时间比较灵活，同时能向投资者提供更多的信息，有助于制定更合理的债券结构和期限。对于没有很好的信用记录或者所发行的债券评级较低的发行主体来说，采用私募方式发行债券更加适合，因为在私募方式下只允许向直接投资者公开发行主体的财务等信息，不会对公众和竞争者公开。

日本地方政府发行债券有两种形式。一是募集，即首先公布市政债券的发行条件，让投资者提交认购申请书竞价，按价格高低顺序让申请者交纳现金后发行债券。根据募集对象的多少和是否公开投标可分为公募和私募。公募是指通过债券市场来发行市政债券，一般来说只有实力较强的地方政府才有能力通过公募来发行债券，实力不强的地方政府会因为信用评级不高，或者发行规模不够大导致发行成本过高。具体到底哪些地方政府可以使用公募方式发行债券，还要由总务大臣和财政大臣协商确定。私募则是指地方政府直接向有关机构发行债券，这些机构一般在地方政府的辖区内营业，且与地方政府有一定的业务关系。① 二是支付债券，即地方政府对债券人发行债券并约定在以后支付现金。在日本的市政债券发行中，

① 李萍、许宏才、李承：《地方政府债务管理：国际比较与借鉴》，中国财政经济出版社2009年版。

采用支付债券这种形式的规模不大，但也属于常用的方式。

（四）市政债券募集资金的用途

在美国，与联邦政府举债服务于经济政策不同，州及州以下地方政府发行债券与经济政策无关，发行债券的地方政府必须保持经常性预算平衡，地方政府不能通过债务融资来弥补财政赤字，只能用于“资本工程”，主要包括：公共资本建设项目或大型设备采购；支持并补贴私人活动；短期周转性支出或特种计划；偿还旧债；偿付政府的养老金福利。

日本《地方公债法》明确限制和规定了市政债券的用途。该法规定“地方政府的财政支出必须以市政债券募集资金以外的收入作为财源”以平衡预算，同时还规定市政债券收入为特别的财政收入，只能用于资本性支出等特定用途。从实际情况上看，虽然日本地方政府在使用债券收入支持的“某些支出”原则上是公共建设支出，但也可以用于地方公营企业和政府投融资、抗灾赈灾等方面。近年来，日本市政债券更多地用于协助中央政府实施财政政策。与以法律形式确定的地方税制和地方让与税不易修改相比，地方政府发行债券只要通过制定特别法案即可改变规模，更易配合扩张或紧缩的财政政策。在中央政府实行积极财政政策时，市政债券在地方政府收入中所占的比例就会上升，实行紧缩政策时则下降。

（五）市政债券的持有者

美国市政债券的持有者主要是以个人家庭为主，因此市政债券的应债资金主要是私人资金。而日本市政债券的资金则以政府性资金为主，主要来自中央政府的投融资资金。

按照持有比重的高低，美国市政债券投资来源分别是：个人家庭、货币市场基金、共同基金、保险公司、商业银行、封闭式基金、工商企业、股票经销商。市政债券投资主体的变化与利息收入的税收政策紧密相关。1986年税制改革前，商业银行一直是市政债券的主要投资者，但由于税制改革后免税政策的调整，商业银行用于购买市政债券的资金利息收入不再允许税前扣除，商业银行持有市政债券的份额不断下降。与此不同，联邦政府对个人投资者的市政债券利息免征所得税，因此个人家庭一直是市政债券最主要的投资者，个人投资者既可以从债券市场直接购买市政债券，也可通过共同基金、封闭式基金、货币市场基金、银行信托间接购买。目前，个人家庭用持有市政债券的比重约有35%，而排在第二至第四位的封闭式基金、共同基金和货币市场基金持有市政债券的比重加起来才与个人投资者比重持平。

日本市政债券的持有者包括政府资金、银行资金和其他资金等。政府资金包括资金运用部资金和简易生命保险基金。资金运用部资金是中央事业类特别会计的积累基金和结余资金，对市政债券投资时要求的利率是转存利率，并且期限可长达三十年；简易生命保险资金属于社会保障性质的生命保险制度，由邮政大臣负责运用，利率、期限与资金运用部资金大致相同。银行资金持有市政债券的比例在1980年以前占有一定地位，但1980年后各银行转向投资流通性更强的国债，因此对市政债券的投资比重明显下降。此外，共济协会、保险公司等机构也是市政债券的持有者。

不同层级地方政府发行债券也有所区别。在都道府县一级地方政府发行的债券中，银行和市场公募金占有的比例大于政府资金，而在市町村一级的地方政府发行的债券中，银行和市场公募资金只占27%，日本中央政府可以通过认购市政债券支持筹资能力较弱的市町村一级地方政府。

（六）市政债券的偿还

享有自主征税权的日本地方政府将税收收入作为发行债券的担保，中央政府还会给地方政府拨付地方交付税，其中就包含了偿债资金。同时，每年经财务省、总务省和国会审议批准后公布的地方公共财政计划，预先估计了债务本金和利息偿还额。此外，日本还要求地方政府设立偿债准备金，每年按照债券余额的1/3提取，上述措施都有力地保证了地方政府按时偿还债务。

日本虽然通过规定税收担保、制定债务计划、设立偿债准备金来保障偿债，却没有对不同种类的债券加以区分，这样不仅会带来财政资金运用效率低下等问题的出现，更会加大财政风险。美国则是根据地方政府发行债券种类的不同，区别设置了相应的保障措施。对于一般责任债券，政府使用的偿债资金包括项目收费收入、地方税收等。如果现有收入不足以偿债，政府将提高收费率或税率以保证筹资需要。如果州政府和地方政府不能或不愿意筹集足够的资金来偿还本金，那么该政府处于破产境地，市政债券持有人可以上诉法庭以获得政府或其公共机构的资产。收益债券的偿债来源则是该项目的收费收入，地方政府不能使用财政收入进行弥补。

三、经验与教训

（一）法律先行为市政债券规范发展奠定基础

借助于中央政府和国外机构的帮助，波兰地方政府债券市场迅速建立起来。20 世纪 90 年代初，波兰经历了一次严重的经济衰退，许多企业受到冲击，银行坏账大量增加。1997 年，波兰银行业的坏账率仍为 10%。波兰地方政府没有发行债券的经验，投资者由于对地方债券不熟悉而表现得非常谨慎。为了帮助波兰地方政府克服这些困难，波兰中央政府通过市政发展署调查地方政府发行债券的能力和兴趣，并确定最需要发行债券的地方政府。1993 年美国国际开发署与世界银行、欧盟共同帮助波兰建立国家金融基础设施体系，为波兰发展地方债券提供技术援助，帮助波兰修改了《债券法》，建立债券发行与管理制度。在国际机构的帮助下，波兰奥斯特鲁夫市第一次公开发行了地方债券。《地方政府法》、《地方财政法》和《1995 年债券法》，对地方政府的举债权、债务率和发行债券的权力进行了明确界定与严格约束。尽管这些法律在制定之初有不完善之处，但随着不断修改、补充和完善，它们对规范地方政府融资行为、限制地方政府债务水平起到了重要保障作用。

（二）中央政府必须加强对地方政府债务管理

20 世纪 80 年代以来，巴西先后经历了三次大规模的地方政府债务危机[①]。第一次债务危机是外债危机，由第二次石油危机引发的国际债务危机，大大加重了巴西的还本付息压力，各州都被迫停止了对国外债权人的债务偿还。作为担保人，巴西中央政府不得不与国外债权人达成协议，由中央政府接管州政府 190 亿美元（相当于 GDP 的 2%）外债，期限为 20 年。通过债务重组，州的债务成本转移给中央政府，州政府的资金周转困难得到缓解。

第二次债务危机是联邦金融机构债务的偿还危机。1993 年，各州政府纷纷出现无力偿还联邦金融机构债务的违约行为。危机发生后，中央与州政府再次达成协议，由联邦财政部偿还部分州政府拖欠联邦金融机构的 280 亿美元债务，期限为 20 年。危机初步化解后，联邦政府开始采取措施规范各州举债，如规定“对拖欠不还的州，不允许其向联邦金融机构

---

① 资料来源：财政部预算司。

举借新债”；“允许联邦政府从中央对地方的转移支付资金中扣除地方应该偿还的债务资金”等。这些措施对地方政府的无序举债起到了一定约束作用，但并未从根本上建立全面有效的债务风险控制机制。

第三次债务危机是债券偿还危机。1994年，巴西政府引入“黑奥计划”（稳定经济计划），货币升值使工资和养老金等福利支出占各州政府收入的比重迅速提高到80%～90%，紧缩货币政策使得各类债券的实际利率攀高。在上述双重压力下，州政府开始拒绝履行偿还其债券的义务，金融市场由此出现剧烈震荡。中央政府再一次承诺援助，并授权州政府将其债券兑换为联邦或中央银行的债券。中央政府发行中央债券，重新确认地方政府债务，并成为州及市政府的债权人。27个州中的25个和183个市（其债务余额占地方总额的95%）签订了债务重组协定。

饱尝三次债务危机苦果之后，巴西政府痛定思痛，于1998年推出旨在全面加强地方政府债务管理的“财政稳定计划”。主要措施有：实施增加公共部门盈余的财政调整政策；加快推进社会保障与行政管理领域的体制改革；研究制定债务管理的法律法规体系。2000年5月，巴西政府颁布了《财政责任法》，立法目的在于确立公共财政规则，强化财政及债务管理责任，主要内容有：重建一般财政管理框架；控制债务规模；[①] 提高透明度；严格惩罚措施。总体看，在《财政责任法》实施之后，地方政府在债务控制方面的表现有所改善，财政盈余数额及其占国内生产总值的比例都有所增加，债务水平虽然也有所增加，但所占国内生产总值的比例却不断下降。

---

① 在需求控制方面，首先是限制举借新债，具体包括：借款额不得超过资本性预算的规模，州政府债务率（债务余额/州政府净收入）要小于200%；市政府债务率（债务余额/市政府净收入）要小于120%；新增债务率（新增债务额/政府净收入）不得大于18%；担保债务比重（政府担保债务余额/政府净收入）必须低于22%。即使债务规模已控制在上述限额内，地方政府还需满足一定条件，并经参议院决议通过才可举借新债。其次，限制举债时间，规定州及市政府换届前的8个月内不允许举借新债；限制偿还债务，地方政府偿债率（还本付息额/政府净收入）不得小于13%；如果地方政府将其债务转嫁给联邦政府，在完全偿还前，地方政府不得举借新债。在供给控制方面，中央银行限制各银行向公共部门提供贷款，其中对银行净资产规模的限制是，地方政府债务余额与银行净资产的比重必须小于45%。对于违规举债、突破赤字上限或者无法偿还联邦政府或任何其他银行借款的州，各银行禁止向其贷款。地方政府供应商与合同承包方不得向地方政府或者其关联实体提供信贷。此外，巴西国有与地方政府所属银行也不能发放政府贷款。

（三）完善的风险管理制度多方位规避违约现象

美国市政债券曾一度被誉为“银边债券”，安全性很高。但是，这并不能避免市政债券违约事件的发生。1975年，纽约州发生市政债券违约事件；1994年，加州橙县政府破产，导致债券持有人损失惨重。违约事件的发生也不断促使美国市政债券信用风险管理制度发展和完善。目前，美国市政债券已经形成了以信用风险防范为中心，规模控制、信息披露、信用评级、债券保险为主要内容的信用风险管理制度框架。

规模控制主要是通过发行审批制度来实现。一般来说，美国对市政债券发行规模的限制主要针对一般责任债券，采用的债务控制指标主要有债务率、负债率、偿债率、偿债准备金余额等。根据各州宪法和相关法律规定，在具备发行一般责任债券资格的47个州中，有37个州均对该州的一般责任债券发行规模进行了限定。

美国市政债券信息披露制度的相关内容反映在证券监管法规、行业自律性指导文件之中。一是证券监管法规。1989年，美国证券交易委员会（SEC）为了提高市政债券信息披露的信息质量与及时性，修订了《证券法》的15c2－12规则，要求市政债券承销商都必须获得债券发行者的官方陈述，并及时传递给投资者。1994年，SEC对该项规则再次进行了修改，增加了持续信息披露的要求，即如果市政债券还本付息责任人不能提供连续性的披露信息，承销商不能购买或销售该市政债券。二是行业自律性指导文件。20世纪70年代，某些发行市政债券的地方政府出现财政困难，促使投资者要求发行者披露更多在一级市场发行的市政债券信息。在这种背景下，市政债券的市场参与者开始拟定信息披露制度。美国政府财务师协会率先于1976年制订“州政府和市政债券信息披露准则”，该文件已成为市政债券信息披露的行业标准。此后，政府会计准则委员会通过修改准则对政府会计和财务报告进行改进，促使信息披露制度更加标准化。20世纪90年代，美国市政债券分析师协会制定了一个对所有市政债券均适用的最佳信息披露准则。

穆迪、标普和惠誉是美国市政债券市场三大信用评级机构。以穆迪公司为例，其对市政债券的评级分为三种类型：长期市政债券评级、短期市政债券评级以及即期债务评级。长期市政债券评级分为九等，以Aaa为最高级别，C为最低级别。短期债券评级分为四个等级：MIG1（最高级别信用，有稳定的现金流和高流动性，能够比较容易进行再融资）；MIG2

（信用质量高，有良好的保证金作为担保）；MIG3（信用质量可以接受，流动性有限，无法确认是否能够进行再融资）；SG（投机级别的信用质量，缺乏足够的保证金担保）。即期市政债券评级主要用于浮动利率即期债务（VRDO），具体分为四个级别：VMIG1（最高级别的信用，流动性最高，能够按时支付即期买价的法律保护）；VMIG2（信用质量很强，流动性较好，能够按时支付即期买价的法律保护）；VMIG3（信用质量能接受，流动性比较让人满意，能够按时支付即期买价的法律保护）；SG（投资级别的信用质量，缺乏按时支付即期买价的法律保护）。随着信用评级机构收费模式逐渐依赖于市政债券发行规模，评级机构开始与发行者之间的利益具有一致性，从而使得评级机构可能做出对投资者不利的评级结果，无法真实地揭示市政债券项目蕴含的信用风险。在这种情况下，证券监管当局出于对投资者的保护，开始加强对信用评级机构的管理。2006年，《信用评级机构改革法》确立了SEC对信用评级机构的监管权力。2010年，《多德-弗兰克法案》中增加了对评级机构的监管条款。

市政债券保险是由私营保险公司为市政债券发行主体提供担保并在违约时承担市政债券偿还责任的保险制度，是缓释市政债券信用风险的一条重要途径。如果市政债券不发生违约则能获得一笔保费，否则保险公司将支付市政债券主体无法偿还的本金和利息，该笔费用主要取决于融资的风险状况。市政债券保险的功能主要在于增强债券到期偿付的保证，增强了投资者的信心。1971年，在美国市政债券保险公司（AMBAC）发行美国历史上首例市政债券保险之后，市政债券保险制度逐渐建立起来。[①] 目前，美国市政债券上活跃着十多家专业的市政债券保险公司。此外，这些公司成立了相应的行业自治组织“金融担保保险协会（AFGI）”，为市政债券各个环节提供保险服务。

（四）免税政策对市政债券投资的“双刃剑”作用

根据美国《1986年税收改革法案》的规定，市政债券的税收待遇有三种情况：用于公共目的的债券，其利息收入免缴联邦所得税；用于私人项目的债券需要缴联邦所得税，但可以免缴债券发行所在州的所得税和地方政府所得税；既非政府目的又非私人目的的债券，如住宅与学生贷款，

① 何燎原、赵胤钘：“美国市政债券信用风险管理制度及其对我国的启示”，《重庆理工大学学报（社会科学）》，2012年第26卷第8期。

也是免税的，但发行数量受到限制，而且利息收入被作为选择性最低税收的优先项目。《1990 年税收法案》提高了最高边际税率（增高到 33%），显著增加了市政债券的吸引力。而 1992 年税法更将最高边际税率增至 39.6%，使市政债券更具投资价值。目前，绝大多数市政债券是用于公共目的的免税债券。毫无疑问，免税降低了美国市政当局的融资成本，但是免税也给市政债券市场带来了非常不利的影响。例如，在美国，养老基金免所得税，因此市政债券对养老基金来讲就不具有吸引力。如果养老基金购买免税的市政债券，税收制度不允许它们将利息作为成本扣除。此外，从长期来看，商业银行是市政债券的最大购买者。但从最近 15 年的情况看，由于修改税法，商业银行持有的市政债券在稳步下降。

第三节　我国建立市政债券制度的必要性及存在的障碍

一、当前我国建立市政债券制度的必要性

（一）保障基础设施建设与创新城镇化资金保障机制

改革开放以来，我国城镇化经历了一个起点低、速度快的发展过程。1978 ~ 2013 年，城镇常住人口从 1.7 亿人增加到 7.3 亿人，城镇化率从 17.9% 提升到 53.7%，年均提高 1.02 个百分点。2014 年 3 月 16 日，中共中央、国务院正式印发了《国家新型城镇化规划（2014 ~ 2020 年）》（以下简称《规划》），明确了中国未来城镇化的发展路径、主要目标和战略任务。《规划》提出 2020 年要实现常住人口城镇化率达到 60% 左右，这意味着未来 6 年城镇化率每年将提高约 1 个百分点。据测算，城市化率每增加 1%，我国每年就要新增城市人口 1400 万人，而每新增一名城镇人口，城镇基础设施的配套投资需增加 6 万元 ~ 9 万元，即未来每年城市基础设施投资大约需要 1 万亿元，需要持续、巨额的资金投入作为有力保障，显然单靠地方财政收入和中央转移支付难以维系，创新城镇化资金保障机制迫在眉睫。《规划》明确指出“在完善法律法规和健全地方政府债务管理制度基础上，建立健全地方债券发行管理制度和评级制度，允许地方政府发行市政债券，拓宽城市建设融资渠道。”历史告诉我们，市政债券的发展与城市化进程是同步的，城市化发展加速时期也是市政债券大发

展时期，根据“诺瑟姆曲线”[①] 描述的城市化进程规律和世界各国城市化的经验，我国的城市化水平已经处于曲线的第一个拐点位置，即将进入高速发展的起始阶段，此时发行市政债券正是合适的时机。

（二）完善地方政府事权与支出责任相匹配机制

1994 年分税制财政体制改革后，中央和地方的事权和财权的分配出现了事实上的事权重心下移和财权重心上移，导致地方政府事权和财权的不对等，许多地方政府只能维持基本的经费开支——“吃饭财政”状态。与此同时，在公共财政改革过程中，我国逐步建立了符合市场经济一般要求的政府间财政关系框架，基本建设支出在我国地方政府财政支出中占据较大比重，我国地方政府债务需求主要集中在高速公路、城市基础设施等资本性公共产品的投资建设方面。

从国际经验看，中央预算和地方预算各自独立编制，地方财政相对独立于中央财政，当地方财政支大于收时，利用规范的市政债券方式融通资金是一个非常普遍的现象。此外，地方债券市场也在地方经济社会发展中扮演着一个十分重要的角色。目前，我国的财政体制在事权界定、收入划分、支出责任划分、举债权划分等问题上都带有非常明显的过渡性特征，还有诸多亟待完善和健全的地方，需要进一步深化财税体制改革。逐步建立市政债券制度，是其中一项重要的任务。

（三）规范地方政府融资机制与防范地方债务风险

我国《预算法》规定地方政府不得借债，不得编制赤字预算，但地方政府存在大量债务已是不争的事实。在庞大的基础设施建设资金需求和地方财政困难的现实面前，许多地方政府纷纷组建融资平台公司，尤其是 2008 年 4 万亿一揽子经济刺激计划后，平台公司债务规模剧增。虽然融

---

① 美国著名学者诺瑟姆把一个国家和地区的城镇人口占总人口比重的变化过程概括为一条稍被拉平的 S 形曲线，并把城市化过程分成 3 个阶段，即城市水平较低、发展较慢的初期阶段，人口向城市迅速聚集的中期加速阶段和进入高度城市化以后城镇人口比重的增长又趋缓慢甚至停滞的后期阶段。在初始阶段，城市化水平达到 10% 就表明城市化进程开始启动，该阶段城市人口占区域总人口的比重低于 25%，城市发展缓慢，经历的时间长，处于传统农业社会状态；在加速阶段，城市人口占区域总人口的 30% 以上，农村人口开始大量进入城市，城市人口快速增加，城市规模扩大，数量增多，城市人口占区域总人口的比重达到 60% ~70%，工业开始占主导地位；在稳定阶段，城市人口占区域总人口的 60% 以上后，城市人口增长速度下降，城市人口增长处于稳定的发展时期。

资平台公司通过举债为基础设施建设和地方经济、社会发展筹集了资金，但也带来了社会各界高度关注的债务风险问题，政绩考核机制和地方经济攀比机制也对债务规模的急剧扩大产生了很大推动力。① 一旦资金使用不当，选择失误，就会产生不良投资或无效投资，而且债务规模越大，面临的风险也就越大。

鉴于政府融资平台公司债务存在的问题，2010 年 6 月 13 日，国务院下发了《关于加强地方政府融资平台公司管理有关问题的通知》，要求高度重视平台公司债务可能带来的财政金融风险，并提出清理和规范地方政府融资平台公司及其积累债务的措施。近年来，各地按照国务院要求，通过增加注册资本、注入优质资产、改制重组和完善法人治理结构等方式，提高了融资平台公司的资产质量和偿债能力。截至 2013 年 6 月底，地方政府负有偿还责任的债务 108859.17 亿元，其中融资平台借款 40755.54 亿元，占比 37.44%；负有担保责任的债务 26655.77 亿元，其中融资平台借款 8832.51 亿元，占比 33.14%；可能承担一定救助责任的债务 43393.72 亿元，其中融资平台借款 20116.37 亿元，占比 46.36%。②

虽然清理整顿当前的融资平台及其债务是必要且有效的，但清理整顿只能是一种治标不治本的措施，地方政府债务的根本出路应是通过法治化途径，加强预算约束，逐步建立管理规范、运行高效、风险可控的地方政府债务管理制度和运行机制，分步骤、分地区地允许地方政府自主发债，开正门，堵旁门，“捋直曲线融资”，这样既能通过金融市场给债券定价和评价风险，有利于缓解地方政府融资平台带来的财政金融风险，又避免了因为资金出现缺口延缓城市化进程。

二、当前我国建立市政债券制度存在的障碍

（一）相关法律法规有待完善

第一，《预算法》尚未赋予地方政府发债权。《预算法》第 28 条规定：“地方各级预算按照量入为出、收支平衡的原则编制，不列赤字”，“除法律和国务院文件另有规定外，地方政府不得发行市政债券”，导致市政债券的存在缺少法律依据，这将不利于对市政债券的发行和管理的监督，更不易于保护债权人的合法权益。举债权是规范的分税制体制下各级

① 陈共：《财政学》，中国人民大学出版社 2012 年版。

② 审计署：《全国政府性债务审计结果》，2013 年 12 月 30 日公告。

政府应有的财权，在中央政府严格审批和监管的前提下，逐步建立规范的市政债券管理制度，赋予地方政府举债权是大势所趋。

第二，现行《担保法》需要修改。我国《担保法》禁止国家机关作为保证人为他人提供担保。市政债券的发行，尤其是一般责任债券的发行通常是要以地方政府信用作为担保，这与《担保法》第8条相违背。因此，建议在《担保法》第8条中加入“允许地方政府为其发行市政债券提供担保可以例外”的表述。

第三，缺少关于市政债券的专项法律，这不利于市政债券的发行、偿还等一系列管理工作，也不利于未来我国市政债券的全面与长远发展。因此，制订一套规范化的、系统化的市政债券专门法律体系是十分重要的，其中应该对市政债券的发行、流通、管理等各个环节都做出详细明确的法律规定，真正做到有法可依。

（二）政府与市场边界尚不明晰降低资金使用效率

一些本来可以由市场运作的领域，公共财政却参与其中，特别是政府在城市建设投资领域的大包大揽，加重了财政的支出负担，在财力有限的情况下，只有通过举债来满足支出需要。在这部分为“财政越位”提供资金的地方政府负债，不仅其使用效率难以保障，更严重的是将不利于市政债券的长期发展。因此，在建立市政债券制度进行融资时，地方政府投资主要负责公益性、基础性领域的投资，只有这样才能保证市政债券募集的资金用在“刀刃”上。

（三）地方政府预算约束还需硬化

硬预算约束是地方政府自行实现预算平衡的内在动力，它通过让地方政府自行承担盲目举债和债务拖欠的后果，迫使其产生债务管理的动力，但是该机制的形成需要一定的前提条件，包括各级政府间事权责任明晰，地方政府在收支方面有一定的自主权等。当前应进一步深化分税制财税体制改革，以规范的形式确定下来中央和地方的事权和支出范围，在各自的事权责任范围内各自干好自己的事情，取消“中央请客，地方掏钱”的各种政策，避免出现事权边界不清、责任不明等情况。与此相对应，适度增加地方政府的财力，形成稳定规范的地方财政收入来源，加强地方主税税种建设等。

第四节　我国市政债券的制度设计和配套措施

一、基本制度设计

（一）发行制度

由于市政债券筹集到的资金直接用于城市基础设施建设，并且由于省级政府与市县政府之间存在信息不对称，省级政府并不能充分把握各市政府的发展建设状况。所以，市政债券的发行主体主要是具备发行资格的市县级政府，具体发行条件可以由中央政府专门制定。省级政府也可以发行市政债券，用于全省性市政基础设施建设。省市县各级市政债券的发行，需要经过本级人民代表大会的审核以及中央政府财政部门的审核。

具体发行方式可以参考目前正在推行的地方政府自行发债及自发自还等相关规定，具体可采用承销和招标两种方式，发行规则由试点省（市）确定，报中央政府财政部门备案。承销是指试点省（市）与主承销商商定债券承销利率（或利率区间），要求各承销商（包括主承销商）在规定时间报送债券承销额（或承销利率及承销额），按市场化原则确定债券发行利率及各承销商债券承销额。承销总额小于发债额的差额部分，主承销商予以包销。招标是指试点省（市）要求各承销商在规定时间报送债券投标额及投标利率，按利率从低到高的原则确定债券发行利率及各承销商债券中标额。

发行期限可以根据发行主体资金需求、市场利率发展趋势、流通市场发育程度、债券市场期限构成、投资者偏好等因素来确定的。不同国家市政债券的发行期限，短则小于1年，长可至20~30年，其中5~10年期的债券比重较大，我国在试运行阶段应以中期债券为主。长期看，应逐步考虑发行解决地方政府临时性财政缺口的短期债券和适合较长投资回收期的长期债券。

（二）流通制度

我国建立市政债券流通市场的目标是成为全国统一的、面向所有机构和个人投资者的市场。其中，以机构投资者为主的银行间债券交易和以个人为主的银行柜台交易是市政债券市场的主体，债券交易所市场是其延伸和补充。

国际上资本产品交易主要有集合式交易和询价式交易两种交易方式。其中，集合式交易适用于小额交易或是交易要素简单明了的金融产品交易，而大宗交易和交易要素相对复杂的金融产品则适用于逐笔成交的询价式交易。市政债券是一个交易要素较为复杂的金融产品，尤其是含权的市政债券，对投资者素质要求较高，适用于询价式交易方式。至于交易场所我国目前主要分为证券交易所市场和银行间市场，后者的柜台交易主要针对普通投资者。债券发行流通的国际趋势是 90% 以上的交易都在场外市场完成，而我国的现实情况也是如此，交易所市场从 2001 年起就明显处于从属地位，无论是投资者规模还是债券的交易量都远远低于银行间市场。未来的发展阶段中，市政债券的主要流通市场依然是银行间市场而非交易所市场。

在市政债券发展成熟的国家，个人投资者是最重要的组成部分，因此我们还需要考虑个人投资者买卖市政债券的问题。在我国，银行间债券市场不允许个人投资者参与，交易所市场也囿于地域限制，使得众多个人投资者被排除在债券流通市场之外。市政债券具有较强的区域性特点，其流通和交易也具有明显的区域性。只有将购买市政债券变成一种储蓄行为，认购、兑付和到银行存取款一样方便，市政债券才可能会广泛流通起来。因此要建立一个规范、方便的柜台交易市场供广大个人投资者使用。

资本市场中的任何投资品种都应有属于自身的投资者群体。从我国企业债交易的经验来看，以个人为主的投资群体与其所承担的风险极不匹配。原因有两点：一是个人投资者缺乏风险识别能力和风险承担意识，违约情况的发生极有可能导致不理智行为进而影响金融市场的稳定；二是债券投资需要大量的信息收集和处理工作，普通投资者根本无法胜任。就市政债券而言，其价格波动率一般较小，大额交易有助于降低成本，因此应当允许银行、保险和基金等机构适当参与，积极培养一批合格的机构投资者。

为了更好地利用民间资本为当地公共事业建设服务，发展初期可以鼓励个人投资者通过基金和投资保险等集合型投资工具间接投资于市政债券，范围可以涵盖至所有可能的对象，并通过实地参与投资逐步提高普通投资者的投资水平。这对市政债券的发行也是至关重要的：便于调动最大的需求，加快债券的销售；大量投资者的参与有利于提高债券的流动性，进一步提高债券的吸引力；市场上仅存在机构投资者，机构之间容易形成价格同盟后操纵债券流动，大量的普通投资者的存在则可以消除这种买方市场的弊端。

世界证券市场的发展实践和我国近20年金融改革探索的经验和教训都表明，后台系统直接决定着债券市场的效率和总体风险水平。因此要使市政债券市场平稳发展，必须先建立一个有效的托管结算系统。中央登记托管结算机构作为集中托管结算的中介，它提供了一个国家基础设施中的关键组成部分。由于可以提高市场运作效率、防范结算风险，发达国家市政债券场外市场都在中央簿记登记系统的基础上实现集中托管。如美国市政债券市场主要由全美政府证券结算公司（CSCC）负责托管结算等后台服务。

我国目前的债券托管结算体制体现呈现出明显的分割性：一是由中国人民银行监管的中央国债结算登记公司，作为银行间债券市场的后台支持系统；二是由中国证监会监督的中国证券登记结算公司，它又具体分成上海和深圳两个分公司，分别负责上交所和深交所包括债券在内的所有场内证券的托管、结算事宜。两个市场间缺乏良好的沟通协调机制，使得各类债券难以在交易所市场和银行间市场转托管，未能形成全国统一的债券市场。当务之急，我们需要参照国际证券结算系统标准改革国内结算体制，缩短结算周期，降低结算风险，还可适当引入国际托管结算机构的成熟产品，如损失分担机制、结算借贷便利等。我国的债券登记托管结算机构要逐步发展成为法人治理结构更完善、资本实力更强的机构组织形式，解决内部资本金偏低、抵御业务风险能力不足、机构运作不透明等问题；尽快建立中央国债登记结算公司和中国证券结算登记公司的高效协调机制，在条件成熟后，可考虑将两者合并成为一个统一的中央证券托管结算机构。

（三）使用和偿还制度

在资金用途上，大多数国家都规定市政债券募集的资金用于资本性的建设项目，特别是市政设施建设。我国目前正处于城市化快速发展中，因此我国市政债券的资金用途也应该主要用于建设性投资。

在偿还债务时，要严格按照市政债券的类型筹措资金，收益债券的偿还要立足于项目本身未来的收入，只有对于公共性较强项目发行的一般责任债券，才可以借助未来地方税收收入偿还。同时，各级地方政府还应建立偿债准备金制度，根据实际状况，按照市政债券余额的一定比例筹措偿债准备金，以此来减少偿还市政债券对地方财政正常运行的不良影响。

二、若干重大问题与配套措施

（一）确定市政债券发行资格

基于保障基础设施建设和促进地方经济发展，完善财政分权体制改革，规范地方政府融资机制和防范地方债务风险的现实要求，我国必须建立一套规范、有效的可以长期支持城镇化的地方政府融资机制，用公开发行市政债券筹集资金的方式替代地方融资平台。2009 年开始的“中央代发”、2011 年开始的“自行发行”和 2014 年开始的“自发自还”三种模式，是建立我国市政债券制度过程中的一种过渡，最终目标是实现地方政府自主发行债券。但是，鉴于我国各地区发展不均衡的现状，我国目前尚不具备全面大规模发行市政债券的条件，因此建议建立地方政府信用评级制度，确定市政债券发行资格，在具备发行条件的地区逐步尝试，选取部分经济发展水平高、金融生态环境较好的地区先行试点，逐渐积累经验，为市政债券相关法律法规的修改制订工作提供依据。

信用评级制度是美国市政债券运行的三大机制之一，总结美国等市政债券市场成熟国家的经验可以发现，对地方政府财政收入水平的未来预期是信用评级最重要的因素。此外，还要考虑地区经济发展状况、地方政府的债务水平和结构、地方政府治理与预算管理水平等因素。在财政部代发地方债券时，统一的发行利率没有反映出不同地方政府的信用情况和偿债能力，而在 2011 年试点省市自行发行地方债券时，不同地区债券的信用水平在发行利率上有所体现，这是地方政府债券市场的一大进步，同时也对尽快完善信用评级制度提出了要求。有效的信用评级制度不仅有利于投资者根据自身对风险和收益的偏好制定投资决策，还将方便信用级别高的地区降低筹资成本。

市政债券尤其是收益债券的信用评级可以借鉴一些评级机构，如中诚信、大公在对地方融资平台发行债券进行信用评级时积累的经验，尽快完善信用评级制度。第一，要尽快出台信用评级相关的行业规定，规范信用评级行为，改变过去发债主体选择信用评级机构的现象，增强信用评级机构的独立性。第二，鼓励信用评级机构与国际接轨，提高信用评级技术，增强信用评级结果的准确性和可靠性。第三，还要加强对信用评级机构和发债主体的监管，坚决防止用金钱换取高信用评级现象的出现，加大对舞弊现象的惩处力度。

（二）推动地方融资平台债务向市政债券转换

在《预算法》严格限制地方政府直接发债背景下，地方融资平台实际上发挥了市政债券为城市基础设施建设提供资金的功能。时至今日，这种“曲线融资”在促进市政建设和地方经济腾飞的同时，带来的财政金融风险更加引人关注。建立一套规范、有效的可以长期支持城镇化的地方政府融资机制，用公开发行市政债券替代地方融资平台，“捋直曲线融资”，总体思路是在对融资平台债务分类的基础上，逐步向不同类型的市政债券进行转换。

《国务院关于加强地方政府融资平台公司管理有关问题的通知》（以下简称《通知》）将融资平台债务经清理核实后按以下原则分类：（1）融资平台公司因承担公益性项目建设运营举借、主要依靠财政性资金偿还的债务；（2）融资平台公司因承担公益性项目建设运营举借、项目本身有稳定经营性收入并主要依靠自身收益偿还的债务；（3）融资平台公司因承担非公益性项目建设运营举借的债务。

根据市政债券的定义，上述第1类和第2类债务都可以转换成为市政债券，第3类债务的资金投向并非为公共服务行业，显然不适合转换为市政债券，因此应按照《通知》要求清理规范，实现商业运作。市政债券分为一般责任债券和收益债券两大类，《通知》中的第1类和第2类债务可以分别转换为一般责任债券和收益债券。

由于收益债券与特定的市政项目相联系，其还本付息来自投资项目自身的收益，其风险的评价基于对未来收入可行性的研究和预测，因此从逻辑上讲，收益债券更具有公司债券的属性，与第2类债务的性质十分接近。此外，收益债券不一定非要由政府发行，可由指定机构代理发行，避免了《预算法》对于地方政府不能发债的限制，其发行主要遵循市场化运作模式，发行程序比较宽松，无须经过严格的政治程序，因此可以优先发展收益债券。

（三）建立市政债券管理机构

国家应在财政部下设立全国性的市政债券管理机构，其职责包括：一是研究制定全国性的市政债券管理法规和宏观管理政策；二是汇总和监控全国地方政府债务总规模，分析其发展趋势，建立风险预警机制；三是协调国债和地方债之间的关系，由财政部统一向全国人民代表大会报告市政债券的管理情况；四是作为财政部与发展与改革委员会、中国人民银行、中国证监会、国家审计署等部门的沟通纽带，加强市政债券政策与其他公共政策之间的联系；五是建立财政部内部包括预算司、国库司、金融司、国际司、会计司等在内的各机构之间在市政债券管理问题上的协作，商讨制定市政债券综合管理的法规。

省市县级财政部门也应增设相应的市政债券管理机构，负责制定适应本地区情况的地方性债券管理办法，建立健全债券资金使用的集中管理，随时监控本级和下级政府的债券规模、结构和管理情况，向上级财政部门、本级政府和人民代表大会报告，实施风险预警，化解债务危机，加强横向和内部的沟通与协调等。

（四）健全信息披露制度

1994 年后我国虽然在法律上不允许地方政府发行债券，但是地方政府债务的存在却是普遍现象。对于地方债务规模统计、风险管理、本息偿还，一直因为缺少准确的公开信息而使社会各界都对地方政府债务问题以及由此可能引发的财政和金融风险深表担忧，直到 2011 年 6 月审计署第一次公开省市县地方政府债务共有 10.7 万亿元总额，并对地方政府债务的偿债能力和管理等问题进行分析后才使得对地方债有了更准确、客观的判断依据。因此，为了建立健全市政债券市场，促进市政债券的发展，必须强化信息披露制度。

信息披露的内容主要包括两个方面：一是关于市政债券本身的信息披露，二是关于市政债券发行人的信息披露。对于市政债券本身的信息披露应该包括：债券的融资计划，债券种类，融资期限，偿还机制，资金投向项目的论证、立项、决算和实施等情况，同时还要通过独立审计和信息反馈制度保证债券信息的准确性和可靠性。对于市政债券发行人的信息披露应该包括发行人的行政级别、人口统计、财务状况等基本信息；如果是一般责任债券，还要考察地方财政的总体债务情况以及税收收入的稳定性和偿债能力；如果是收益债券，还要考察债券资金使用主体的盈利能力、预测现金流及偿债能力。

（五）建立健全市政债券管理问责制

市政债券管理问责制是对债券管理相关主体的一种事后的责任追究机制，该机制有两大要点：一是责任明确到人，二是信息公开透明。在我国出台统一的市政债券管理办法后，应根据办法中的相关要求，对地方政府部门的行政首长实行行政问责。对于不按照规模限制举债造成重大损失，疏于管理造成偿债困难，以及违规使用债券筹措资金，恶意拖欠债务、逃废债务，造成地方政府信誉受到严重影响等行为实施问责，追究有关行政首长的责任。此外，市政债券信息的公开对于行政问责的顺利实施具有决定性的影响，需要改进现有政府会计核算范围和基础，建立覆盖市政债券发行、资金使用、偿还债务各个环节的债券信息统计、报告和公开制度。

第 11 章

化解金融危机的财政政策选择

当人类社会进入近代以后，在经济发展取得巨大进步的同时，金融危机也成为一种经常发生的经济现象。马克思主义认为，简单商品流通中就已经包含危机的可能性。资本主义经济是生产资料私有制下最发达的商品经济，因此而成为金融危机频发之地。欧美国家在化解金融危机过程中，逐步健全制度体制，积累了丰富的经验，对我们认识与防范金融危机具有重要的借鉴意义。

第一节　从早期金融狂热到 1929 年大萧条

一、早期金融狂热

荷兰郁金香狂热（1634 ~ 1637 年）①、法国密西西比泡沫（1719 ~

① 在 17 世纪初，英国的工业革命尚未发生。在欧洲人眼中，英国还不能算一个富国。当时在荷兰流传着一些笑话，说从英国来的旅游者土头土脑，居然不认得郁金香。他们象剥洋葱、大蒜一样，把郁金香的球茎一层层撕开来看。有的英国船员荒唐透顶，甚至拿郁金香的球茎当午饭吃，这个事情传了出来，大家都在想着，这东西长的也不算多美，吃起来也就和大蒜差不多，它值这么多钱吗？这件事越传越远，越传越远，最后大家都想，郁金香的价格就开始暴跌，从 1000 多金币降到了 10 多个金币，尽管这样，还是没有人买。这次投机事故给荷兰造成了相当大的打击，3 年内荷兰的经济陷于瘫痪。

1720年)[1]、英国南海泡沫（1720年)[2]，是早期金融狂热的典型代表。郁金香狂热事件作为人类历史上有记载的最早的投机活动，昭示了此后人类社会的一切投机活动，尤其是金融投机活动中的各种要素和环节：对财富的狂热追求、羊群效应、理性的完全丧失、泡沫的最终破灭和千百万人的倾家荡产。密西西比泡沫是一次大规模印刷纸币的操纵活动和政府用发行股票来偿还债务的交易活动，南海泡沫也是一次用发行股票来偿还债务的活动，而且后两次金融狂热均得到了法国及英国整个政治机构的支持。

17世纪，荷兰经济取得过短暂的成功。那时，郁金香刚刚被引种到欧洲，数量非常有限，价格极其昂贵。诚然，市场对郁金香的需求迅速上升，是促成郁金香泡沫的必要条件之一。可是，许多商品在一段时间内都出现过供不应求的现象，却并没有因此而出现泡沫经济。问题的根源在于荷兰的郁金香商人们于1634年底建立了一个类似产业行会的组织，控制了郁金香交易市场，使得交易高度集中，买卖信息迅速流通，交易成本大大降低，却也酝酿出超乎想像的市场投机。事实上，郁金香狂热把荷兰上层社会吓坏了。于是，统治阶层掀起了一场反对这类投机行为的宣传活动，通过散发传单、道德说教和印刷品来反对那些愚蠢行为，试图把投机倾向引入经济活动的安全区域，却未能阻止泡沫的破灭。

约翰·劳[3]是密西西比泡沫事件的主角，他曾经一度成为法国政府

---

① 从1719年5月开始，法国股票价格连续上升了13个月，股票价格从500里弗尔涨到1万多里弗尔，涨幅超过了20倍。法国股市从1720年5月开始崩溃，连续下跌13个月，跌幅为95%。法国密西西比股市泡沫发生在股票和债券市场，把法国广大的中下阶层老百姓都卷了进去。从这一点来说，法国密西西比股市泡沫更具有现代特色。

② 事件起因源于一所协助政府融资的私人机构南海公司。1720年，南海公司通过贿赂政府向国会推出以南海股票换取国债的计划，促使南海公司股价由年初约120英镑急升至同年7月1000镑以上，全民疯狂炒股。市场上随即出现不少“泡沫公司”混水摸鱼，为规范管理这些不法公司的出现，议会在6月通过《泡沫法案》，触发南海公司股价急挫，至9月暴跌回190镑以下的水平。南海泡沫事件后，辉格党政治家罗伯特·沃波尔成功收拾乱局，协助向股民作出赔偿，使经济恢复正常。

③ 约翰·劳（1671～1729年）是18世纪欧洲的一个金融家，以推行纸币而闻名。当时，欧洲各国货币还是采用金属本位，市场上不是金币就是银币，总之没有纸币。因为，大家觉得跟黄金白银相比，纸币太不可靠了。劳先生是一个赤裸裸的货币至上论者，他的信念是“要繁荣，发纸币”。他以为，货币和财富是一回事，创造货币就等于在创造财富。历史告诉我们，事实并不是这样，重要的不是创造货币，而是创造财富。否则，任何国家只要开动印钞机，一切问题就都解决了。

“特聘专家”，一手主管政府财政和皇家银行的货币发行，另一手控制法国海外贸易与殖民地发展。在他的建议下，政府为了缓解财政亏空，大量发行纸币，制造虚假经济繁荣。最后，股票变成废纸，金融体系因此崩溃。马克思曾说，约翰·劳“既是骗子，又是预言家”，因为他的“骗术”听上去与当代货币学理论颇为神似：增加货币供给，可以在不提高物价水平的前提下，增加就业机会并增加国民产出。但是，金融市场的疯狂，就在于一旦泡沫被滥发的货币和无限的乐观预期所吹大，即便是强有力的政权力量也无能为力，最终必然是资本市场甚至一国经济的彻底崩溃。

在南海泡沫事件中，英国社会各界，包括军人、家庭妇女，甚至物理学家牛顿都卷入了“漩涡”。人们完全丧失了理智，他们不在乎这些公司的经营范围、经营状况和发展前景，只相信发起人诱人的说教，人们唯恐错过大捞一把的机会。一时间，股票价格暴涨。事后，大科学家牛顿不得不感叹：“我能计算出天体的运行轨迹，却难以预料到人们如此疯狂。”南海泡沫破灭后，罗伯特·沃波尔出任首相，他的首要任务是尽可能地弥补国家利益的损失。1720 年 12 月 20 日，英国下议院决定停止将国债转还为南海公司的股票，所有合同一律无效；随后，又任命了一个特别委员会以调查整个事件。在这场喧闹的泡沫事件中，南海公司、英国政府、社会公众都是利益受损者，但他们同时也是使泡沫越吹越大的主体，都难脱其咎。当然，西方世界的早期金融狂热及其处理，都带有典型的个案色彩，由其带来的影响也是局部的，狂热过后的经济社会依然循着其固有的规律向前发展。

二、19 世纪欧美金融危机

从 1825 年到 20 世纪前夕，欧美资本主义经济得到巩固与大力发展，同时也在许多国家爆发了数次金融危机，主要有 1825 年金融危机、1836 年金融危机、1866 年金融危机、1873 年金融危机、1892 年金融危机等。尽管这一时期金融危机爆发的导火索不尽相同，但历次危机的根源都是生产相对过剩与市场投机过多。

19 世纪，随着西方工业化国家投资建设高涨、国外市场扩大、股份公司兴起等因素的变化，市场自发调节社会生产所固有的不足之处显现出来，一波一波的投机浪潮难以阻挡，滥设企业与信用膨胀促进了生产过剩，当生产已经过剩但还未被发现的时候，原料和成本价格猛涨，当工业已经面临减产的时期，高价还在刺激着原料的进口。紧随其后的则是企业存货增加、债务偿还变难、信用危机、金融恐慌，最终大量企业破产与金融危机爆发。

自18世纪末期以来，西方各国普遍推行亚当·斯密①的自由市场经济理论，结果是社会生产力空前提高，科学技术迅猛发展，物质财富大量增加。然而，市场经济的弊端也突出显露出来。因为市场经济的特点是资源、财富不断地从低效率处流向高效率处，故而造成严重的两极分化。与此同时，西方掀起了风起云涌的工人运动，劳资双方对抗激烈，社会趋于动荡。也就是在这种时代背景下，马克思提出了废除市场经济制度，代之以整个社会利益平等推进的计划经济的主张。需要指出的是，“保守主义”的自由市场经济绝对排斥政府干预，认为干预的结果有损于社会的民主与自由。因此，政府在化解金融危机上的作为非常有限，未建立起防范与化解金融危机的制度体系，这也为1929年大萧条的爆发埋下了隐患。

三、1929年金融危机

1929~1931年资本主义世界爆发了一场有史以来最严重、最深刻的金融危机。危机爆发之初，美国总统胡佛②遵循西方自由放任主义经济理论的教诲，认为通过市场机制，市场供求会自动达到充分就业的均衡状态，国家对经济的干预是不必要的，导致危机的继续蔓延并引起了社会动

① 亚当·斯密（1723~1790年），英国古典政治经济学的主要代表人物之一。他在经济学上的主要贡献是，创建了政治经济学的科学体系。在价值论上，不仅论证了劳动价值论，而且还确定了这一原理的最早理论体系。它的深刻见解为后来的古典政治经济学奠定了理论基础，他针对资本主义经济的内在发展规律，提出了自由主义经济理论，反对国家干预经济，促进了资本主义经济的发展。

② 第一次世界大战后的一段时间，资本主义处于相对稳定时期，美国凭借从大战中牟取的暴利，经济发展较快。1929年3月4日，胡佛宣誓就任总统。《华尔街日报》在庆祝胡佛就职时说：“政府从来没有像今天这样与商业打成一片。毫无疑问，胡佛是一个很有活力的商业总统，他将是美国第一个商业总统。”由于美国正处于空前的“柯立芝繁荣”，在执政初期，胡佛得意忘形地谈论美国的经济制度如何如何“完美无缺”，吹嘘“美国比以往任何国家的历史上都更接近于最后战胜贫困”。实际上，美国的经济已经危机四伏，快要大难临头了。

荡。在紧急关头，新当选的美国总统罗斯福[1]展开以“救济、复兴、改革”为基调的“新政”，开始对经济生活进行政府干预和调节。

针对资本主义私有制框架已经容纳不了生产力发展而造成的大量生产过剩，罗斯福出台了整顿金融法、全国产业复兴法和农业调整法，对金融和农业系统进行了一系列的调控；为了避免悲剧重演，美国通过立法建立存款强制保险制度，成立了联邦存款保险公司，规定对存款额在2500元以下的银行存款实施全额保险；针对工人失业、挨饿和反抗，罗斯福出台了公共工程和保护自然资源法，把劳动力吸纳到政府举办的各类社会工程中去；针对着严重社会动荡，罗斯福出台了社会安全和社会保障法，同时对大公司征收超额累进税，以缩小财富分配差距，维护社会稳定。

从整个新政时期看，罗斯福总体上采取了扩大银行信贷、放弃金本位制、使美元贬值等货币政策，同时改革银行制度，加强对证券与商品交易的监管；在财政政策方面，则主要通过税收、预算拨款等手段干预农业、工业、电力、运输等基础产业的投资，并建立了大规模的转移支付制度（主要是社会保障制度），以期全面恢复经济。罗斯福实施“新政”的结果，使美国的资本主义制度得以从大危机中“死里逃生”，也为资本主义提供了国家干预和调节经济生活的运行模式。

债务政策是罗斯福新政财政政策的重要内容，即政府通过发行政府债券支持不断扩大的赤字开支需要，从而达到刺激经济增长和实现充分就业的目的。1933 年 5 月，国会通过了第一次农业调整法令授权总统可以在必要时“纯粹以美国政府的信用为担保发行钞票，金额可以达到30 亿美元，专作兑付联邦政府债券之用，不能用以支付公私债务”，随后联邦储备银行通过收购联邦政府债券投放了 6 亿美元的货币，实际是中央银行购买国债，调整了支付债务的存量。在 1938 年罗斯福做出赤字预算之后，为弥补财政赤字而发行国债逐渐成为一项经常性的活动。

---

① 在 1930 年代经济大萧条期间，罗斯福推行新政以提供失业救济与复苏经济，并成立如公共事业振兴署（WPA）、国家复兴管理局（NRA）和农业调整管理局（AAA）等机构来改革经济和银行体系。虽然直到第二次世界大战爆发为止，美国的经济仍未能完全复苏，但是他所发起的一些计划，如联邦存款保险公司（FDIC）、田纳西河谷管理局（TVA）以及证券交易委员会（SEC）等，仍继续在国家的商贸中扮演重要角色。除此之外，在其任内设立的一些制度，包括社会安全系统和全国劳资关系委员会（NLRB）等等，仍然保留至今，因此而成为美国历史上最伟大的三位总统之一，同华盛顿、林肯齐名。

除完成上述职能外，政府债券还为社会保障资金的运作提供了必要的手段和工具，1935 年社会保障法规定财政部被授权为社保基金发行特别债券。

“新政”债务政策还有一个方面，就是政府为金融机构发行国债提供担保。1933 年通过的房产所有人放款法令，允许成立一个专门对价值不超过 2 万美元的住宅办理“第一抵押放款”的金融公司，在 20 亿美元范围内发行公债，政府担保公债利息；1934 年修正案进一步将这种担保扩大到了本金；第一农业调整法令授权给联邦土地银行发行年息 4 分、金额 20 亿美元的公债，以帮助农民改善信贷处境，由政府担保利息，但不担保本金。

无独有偶，意大利在 1929 年金融危机之后，一大批大型企业无法偿还银行贷款，政府为了避免银行倒闭，首先将这些无法归还的贷款转为银行对企业的股权，然后政府成立控股公司，由控股公司从银行手中买下这部分企业股权，受托振兴这些企业，并对经营不善的企业进行重组和整顿，重组成功后再把企业卖给私人企业。在此过程中，政府曾对控股公司提供财政拨款。在解决不良贷款向银行重新注资时，必须和建立有序的金融环境及企业改革结合起来，破产不是解决银行不良贷款的最好办法。这一点从意大利的成功经验上得到了验证，它们都把解决银行不良贷款同企业振兴结合在一起，使企业得到救助，同时又最大限度地保护了银行利益。

事实上，在市场经济国家，银行业存在着激烈的竞争和巨额的风险，存在着破产的可能性，并且银行处于整个社会信用的核心地位，其破产的社会影响极大。当一家银行破产清算的时候，自然就会引出如何保护存款人利益的问题，这无疑是一个重要的稳定因素。在有效的存款保险制度下，即使发生市场波动及信心危机，在受保护范围内的存款人，也不会热衷于挤兑活动，从而大大减轻了银行的压力。存款保险制度在世界范围内建立半个多世纪以来的实践证明，它似一个“安全网”，在经济及金融业发展的诸多方面都发挥了积极而重要的作用。

1929 年大萧条过后，资本主义市场经济从早期的盲目追求效率最大化的自由市场经济过渡到了效率与公平兼顾的现代市场经济。自此，特别是在第二次世界大战以后，市场经济国家的经济快速发展，除了石油危机①所引起的经济危机、局部的金融危机和市场经济所固有的经济周期性波动“繁荣—萧条—繁荣”外，再也没有出现类似于十九世纪马克思所看到的或者类似于1929年的经济灾难。

第二节　第二次世界大战后欧美国家的金融危机

进入20世纪中后期，金融危机的爆发趋于频繁。据世界银行统计，20世纪70年代后期到2000年间，世界上共有93个国家先后爆发了112场系统性银行危机，还有46个国家发生了51次局部性危机（World Bank，2001）。② 而且20世纪90年代以来爆发的金融危机呈现出了新的特点，不仅表现为货币危机的频率提高，而且更多是货币和银行双重危机同时出现，即银行体系和外汇市场同时遭受双重打击。③ 双重危机的爆发，通常是以大量的金融机构破产和汇率贬值为表现形式，最终导致产出大幅度下降。

一、20世纪80年代美国储蓄信贷危机

20世纪80年代美国出现的储蓄信贷危机，是在有风险的房地产市场上过度借贷加上管理不善、法规不健全、利率不断上涨等所导致的结果。

① 1973年10月16日，第一次石油危机爆发。由于1973年10月第四次中东战争爆发，石油输出国组织（OPEC）为了打击对手以色列及支持以色列的国家，宣布石油禁运，暂停出口，造成油价上涨。当时原油价格从1973年的每桶不到3美元涨到超过13美元，是20世纪下半叶三大石油危机之一。

② 其中，比较典型的金融危机有：发生在20世纪80年代的拉美金融危机、美国储贷协会危机，20世纪80年代末和20世纪90年代初的斯堪迪那维亚危机等，以及发生在20世纪90年代的欧洲货币危机、墨西哥金融危机和亚洲金融危机等。

③ 详见Bhubanesh Pant，2001：“Financial Crises，Recovery and Reforms”，P2－3。

储蓄信贷协会（Savings and Loan Associations，简称S&Ls）[①] 是互助合作性质的小型金融机构，主要业务是吸收社员的期限相对较短的储蓄并为社员买住房提供长期、固定利率的住房抵押贷款。20世纪30年代大萧条后，为鼓励住房抵押贷款，在美国政府的支持下，S&Ls成为落实联邦住房政策的主要金融机构，政府并为此专门成立了监管机关和存款保险机构。由于20世纪30～60年代美国的利率政策相当稳定，国家严格限制提高存款利率，S&Ls经营正常，得以在这几十年间兴旺发展，机构增至5000多家。

20世纪70年代中期，由于第一次石油危机后美国通货膨胀率迅速提高，利率达到两位数，同时各种金融创新给存款人提供了更多的、更有诱惑力的投资选择，S&Ls开始面临筹资困难。20世纪70年代末，第二次石油危机促使美国政府放弃对利率上限的限制，S&Ls全面暴露在利率风险之下，出现了全行业系统性清偿危机。此时，其管理人员大肆参与高风险投资，以求维持运营，甚至用存款来支付工资和日常开支，致使危机进一步加剧。

在危机初期，美国管理层采取了拖延的办法，试图通过放松对S&Ls持有资产种类的限制、增加资本金、股份制改造、降低法定资本金限制标准，甚至放宽会计准则等办法使其摆脱困境。但这一系列努力并未成功，相反却使解决问题必须付出的成本越垒越高。1982年关闭S&Ls成本为200亿美元，1990年初就达到数千亿美元，超过了存款保险机构的全部保费储备。美国政府最终采取了强硬措施，于1989年8月9日联邦政府通过了金融机构改革、振兴与授权法案，并成立重组信托公司（简称RTC）负责全面清理S&Ls的不良债权。

RTC是联邦政府创立的一家半政府性质的公司。联邦政府创立这一公司的目的在于通过它来关闭和清理破产的S&Ls，并恢复公众对这一行业的信心。该公司的使命是清理大量的不良债权，并接受政府的密切监督。为此，政府成立了国家顾问委员会，下设6个地区性顾问委员会，就RTC所有的房地产销售制定政策、计划，并提供实施建议。国家顾问委

---

① 第一家储蓄信贷协会于1831年诞生在宾夕法尼亚州，但发展比较缓慢，第二次世界大战结束到20世纪70年代，美国住房市场需求日趋旺盛，给储蓄信贷协会的发展带来了一段黄金时期。到20世纪70年代末，美国储蓄信贷协会的总资产已突破6000亿美元，成为美国的金融巨头之一。

员会设立专职的监督委员会，行使对RTC进行总体监督、提供政策建议、审批基金筹集等职能。美国国会对委员会的方案设计进行审议，并对RTC工作的全程进行监督。

RTC的资金来源主要有两个：一是发放长期的半政府性债券300亿美元；二是美国财政部拨款1500亿美元。RTC利用这些资金向S&Ls购买积压的资产，所购的资产或直接向房地产市场出售，或对其进行包装实现资产证券化后向金融市场出售。与此同时，RTC通过“承担负债责任的收购”方式进行重组交易，由健康的金融机构接收全部存款，并按市场价格收购风险相对低的资产。为鼓励收购，RTC允许收购单位在一定时间内退回不满意的资产。对RTC来说，最难的是如何盘活倒闭的S&Ls的4000多亿美元的不良资产。为保证出售资产价值的最大化和加速资产拍卖，RTC不得不提供销售者融资。在出售资产时，商业性资产的现款支付比例仅为15%，对1万多项房产的出售RTC就提供了46亿美元融资。这种资产处理的最终结果是，由于提供融资，出售资产的售价提高了20%，而所提供的融资仅损失不到1%，有效地减少了重组损失。

RTC在1989年8月至1990年4月酝酿成立，持续开业到1995年底，1996年1月1日正式关闭，其机构遍布美国90%的州，在6年中处理了747家S&Ls，处置资产总值达4030亿美元。经国会批准筹集动用的损失准备基金累计达1051亿美元，加上各种融资和盘活资产，累计获得现款达2270亿美元，美国政府实际损失913亿美元，成功地恢复了一个稳定、可盈利的储蓄与贷款行业，使消费者对美国的银行与保险系统重新建立起信心。RTC的成功，首先得益于其半政府性质的结构，使私营企业参与到债务清理中，并充分利用它们所特有的专业技能解决问题；其次得益于以地区性结构为主、中央控制为辅的方法，使来自华盛顿的干预降至最小，避免了无济于事的国会辩论；最后得益于迅速而果断地处理遗留问题，及早化解了金融风险。

美国储蓄信贷危机为我们提供了诸多可资借鉴的经验：一是审慎监管和对危机的快速反应。金融监管当局有责任和义务经常性地监督金融机构的业务风险状况，督促金融机构改善经营管理，对危机的处置应迅速，拖延只会使清理成本进一步加大。二是处理危机一定要有统一的管理和合理的方针，政府要有明确的解决问题的目标，并对战略性问题加以把握，同时赋予负责处置不良资产机构足够的权力来完成任务。三是处理危机只有得到必要的融资保证，才有成功的机会。融资不应局限于解决不良贷款的损失准备，还应对尚有价值的部分资产提供流动性资金，保证有效降低成本和资产的顺利出售。四是采取正确的资产拍卖策略，针对不同类型的资产，采取不同的销售策略，如信息提供、销售者融资、售后担保等，把损失降到最低点。

二、20世纪90年代瑞典金融危机

从20世纪90年代初起，随着金融放开、信贷需求猛增、贷款优惠政策以及政府对于住房建设给予补贴等，瑞典银行贷款总额每年以25%的速度急剧增加，最终导致了1991~1994年瑞典金融危机。1992年夏，银行坏账金额高达贷款额的5%以上，六家大银行中有五家卷入危机，80%以上的金融机构受到冲击，信贷资金的损失大大削弱了金融机构的实力。同时，瑞典克朗面对强大的贬值压力，政府试图通过提高利率等措施维持克朗汇率，但于1992年11月不得不放弃固定汇率制。危机的损失难以精确计算，仅政府预算就损失了600亿瑞典克朗，约占国内生产总值的4.5%。

为化解危机，瑞典政府在议会的支持下，提出一项无限制担保，保证政府不会让瑞典金融机构的合作伙伴承受任何损失。同时，政府对所提供的资金支持也限定了严格的条件，开展了以下几个方面工作：一是迅速恢复公众信心，政府与议会采取具体措施，密切金融机构和国际金融市场的联系，鼓励广泛的国际合作，高度重视市场参与人和投资人的作用。二是建立坚强的政府支持机制，财政部成立专门的“银行支持局”，负责日常管理工作，中央银行则负责通过提供资金流动性来保证金融体系的稳定。三是建立银行支持的战略框架，区别对待不同银行，并从长远着手制定一套优化的国家金融发展战略。四是将一定数量的不良贷款移交资产管理公司，重建银行。五是组建资产管理公司处理不良贷款。六是认真进行资产评估，尤其是对坏账的评估，同时恢复投资者信心。

哥达银行是瑞典第六大银行，仅以资产计算，是瑞典第四大银行。由于房地产市场的崩溃，哥达银行陷入困境，其股东在部分注资后，就决定不再进一步注入资金，造成了危机爆发。1992年9月，政府为瑞典整个支付体系开具对所有存款人的担保，1992年11月隶属于财政部的银行支持局命令银行成立内部机构专门处理所有坏账。1992年12月，政府开始直接接管该银行，并于1993年1月开始对银行进行审计。1993年6月，政府成立另一个独立的机构负责拯救银行坏账的主要部分。于是，哥达银行被拆分为坏银行与好银行。1993 年 7 ~ 12 月间，好银行通过国际公开拍卖出售给了北方银行，一家瑞典国有银行；坏银行继续由政府保有，继续救助。

危机爆发后，瑞典政府提供大量资金加强银行体系建设，约占国内生产总值的 4%。同时，加快了宏观经济、金融等领域的改革，包括政府提供资金加强金融分析和会计审核等专业技术方面的力量；建立健全银行内部控制标准和风险管理机构；扩大信贷机构的资本充足比例；强化清算、支付和证券结算体系；由警察和司法部门成立专门工作组，对危机过程中发现各类金融违法犯罪行为实施严厉打击等，以减少金融风险。

瑞典政府化解金融危机的处理措施，对我们具有深刻启示。第一，迅速恢复公众信心应当是解决危机的工作重点。第二，政府提供坚定的支持必不可少，如提供政府担保，稳定国内外投资者基础。第三，对所有寻求支持的银行而言，政府应谨慎审查。第四，严格的会计制度和审慎的资产评估机制对于恢复信心至关重要。第五，组建资产管理公司，处理不良贷款。第六，制定长期战略，完善金融领域的监管体系。

三、1998 年俄罗斯金融危机

受东南亚金融危机的影响，自 1997 年起至 1998 年，俄罗斯发生数次金融动荡，1998 年 5 月危机与 8 月危机尤其严重。5 月危机的导火索是俄罗斯国家杜马通过了《俄罗斯统一电力系统股份公司股票处置法》，该法规定外国投资者拥有该公司的股票不得超过 25%，而当时外国人拥有该公司的股票已经超过 28%，由此引起该公司股票在两周内下跌了 40%。另一个原因是，俄罗斯最大最稳定的商业银行——托科银行发生危机，这被看做是俄罗斯金融机构面临大量破产的信号，引发金融危机。

俄罗斯政府采取了一系列紧急措施。5 月 27 日，俄中央银行决定把中央银行贴现率从 50% 提高到 150%，并保证过去宣布的卢布兑美元的汇率不变。此外，还采取了一系列稳定金融市场的紧急措施：加强税收纪律，对 20 家欠税大户进行审查；政府将从石油公司的出口收入中征收所欠税款，同时增加天然气的增值税和消费税；节约预算开支，将预算资金的使用单位减少 29%，裁减有关工作人员，回收预算拨款单位的账外资金，限制预算单位的电、热消费，改变对国家订货包括国防部门订货的拨款机制等。一系列的紧急措施，加上国际货币基金组织向俄提供的援助以及克林顿政府帮助俄罗斯的承诺，使 5 月危机有所缓解。

5月危机之后，俄金融市场的稳定形势只是暂时的，随后又爆发了8月危机，俄经济金融形势进一步恶化。8月17日，俄罗斯政府宣布扩大卢布兑换美元“汇率走廊”、推迟偿还政府债务等一系列紧急措施。此后，卢布贬值、股市下挫，并引发了政治危机，导致俄政府总理易人。之所以出现更为复杂的危机局面，其原因是多方面的。第一，导致俄罗斯爆发金融危机的根本原因，诸如严重的税收不力、财政赤字、国际收支恶化、经济结构调整缓慢等，没有取得实质性改善。第二，日元一再贬值以及开始的新一轮撤资，使周边新兴市场国家深受其害，加大了卢布贬值的压力。第三，俄政府在处理危机时的摇摆不定加剧了金融形势的恶化，尤其是金融危机和政治危机交织在一起，极大地影响了投资者的信心。第四，国际投机力量对俄金融危机起了推波助澜的作用。

第三节　化解金融危机的财政政策分析

一、金融危机救助与治理的经验与原则

考察20世纪80年代以来的几次金融危机，可以发现引发金融危机的主要因素有：国际资金的流动；金融机构放款和货币供给过快增加，并且资金投向失衡；国内外总体经济的剧烈变动；不切实际的金融自由化进程；外债规模超过实体经济的承受能力，外债结构畸形。此外，还包括实行不合理的汇率制度以及政府对经济活动的过度干预，从而扭曲了市场机制。

对金融危机的救助与治理，应坚持正确的原则：属性原则，即要考虑某种反危机政策适用的内外部条件；成本—收益原则，即选择任何一种政策必须权衡其成本与收益；综合评判原则，即全面考虑多种反危机对策同时使用时的综合效应。对货币危机的治理，重点应放在控制货币供给量、稳定物价、维护公众对货币的信心等方面；对银行危机的治理，重点应放在救助金融机构、维护债权债务关系、保障金融秩序等方面。

在金融危机救助与治理过程中，国家财政可以发挥重要的作用。具体而言，体现在以下四个方面；一是用公共资金直接购买不良资产；二是收购和接管破产的金融机构；三是向金融机构注入资本，提高资本充足率；

四是制定税收优惠政策。

从更广的角度上看，财政需要与中央银行协调配合，以更好地防范与化解金融危机。一是发挥中央银行救助、接管、监管等职能，增强金融机构的抗风险能力；二是建立金融危机预警指标体系，适时监控金融运行；三是健全金融体系的运行环境与运行机制，消除信息不对称，防止逆向选择、道德风险与“羊群效应”。

二、金融危机的阶段性及其相应制度安排

根据发展过程，金融危机可分为紧急应对和金融重组两个阶段，不同阶段化解金融危机的内容各有侧重，相应制度安排和财政政策也不尽相同。

（一）危机紧急应对阶段

由于债权人及存款者与金融机构间的信息不对称，货币贬值和问题金融机构出现极易引起金融恐慌，加剧挤兑和资本外逃，导致更多问题金融机构出现，进一步加深金融危机。因此，在金融危机的前期阶段，化解的重点是避免金融恐慌和确保市场的流动性，以控制金融危机蔓延。

第一，汇率和股市稳定制度。当汇率遭受国际投机资本攻击时，中央银行通常会运用外汇储备入市干预，以稳定汇率。为稳定股价和防止股市大幅动荡，中国香港等地曾针对爆发财务危机的个股采取“暂停交易”的办法，或者是由政府动用股市稳定基金及相关财政资金，以及引导机构投资者进场护盘等。

第二，最后贷款人制度。中央银行提供的紧急流动性支持，帮助流动性暂时出现困难的金融机构化解支付危机、消除存款人及其他债权人的心理恐慌，控制金融危机的蔓延，但流动性支持并不能为金融机构重组提供资本。

第三，金融机构关闭制度。为防止“多米诺骨牌”效应出现，避免更多损失和防止中央银行流动性支持增加，通常要关闭严重资不抵债、因资本枯竭而无法继续经营的问题金融机构，以控制流动性危机向外扩散。

第四，紧急行政性制度安排。当经济手段仍无法控制金融危机，市场依然存在严重的恐慌心理，挤兑和资本外逃仍在继续，政府通常会宣布对存款和债权实行有限担保或全面担保，尤其是全面担保，有助于恢复公众信心，稳定银行负债和银行体系，同时也为组织实施金融重组提供了宝贵

时间。若担保仍不能制止挤兑和资本外逃，政府通常会采取紧急管制措施，对存取款和资本流出实行管制。

（二）金融重组阶段

最后贷款人提供的紧急流动性支持对于缓解金融机构的流动性困难具有重要作用，但并不能解决问题金融机构的资本问题。随着金融危机的发展，通过注入新的资本实施金融重组成为化解金融危机的重要内容，如取消资不抵债金融机构股东的资格、鼓励新的资本甚至是允许外国资本进入、实行政府注资和国有化，以及处置危机产生的巨额不良资产①，促进问题金融机构开始正常经营和恢复金融体系的运转。金融重组通常由存款保险或政府新设的专门机构来实施，在赔偿债权人和存款者损失的同时对问题金融机构进行重组。关闭问题金融机构和实施金融重组，通常依据一系列关于问题金融机构的金融关闭、接管和退出制度，划分能够继续经营和无法持续经营的金融机构，以及明确关闭、接管金融机构的条件等。

由于金融机构大面积倒闭，金融体系自身无法消化规模巨大的不良资产和实现金融重组，危机国家通常会设立由财政出资或支持的隶属于政府的资产管理机构，或是对原有的资产管理机构进行重组，以加快不良资产的剥离和处置，同时政府负担相应成本，促进金融体系正常运转。财政在金融重组阶段，不仅通过预算拨款、为发行债券提供担保等措施，为政府注资和国有化及剥离不良资产提供了重要的资金支持，而且通过一系列的税收优惠政策促进了金融和企业部门的重组。在政府支持下，金融重组充实了金融机构和企业的资本，重塑了市场主体，推动金融机构和企业恢复经营，经济开始正常运转。

三、财政政策在化解金融危机中的职责与功能定位

从理论上看，财政作为公共风险的最终承担者，负有金融危机的兜底责任，在化解金融危机的过程中作用不可替代。基于政府公共管理者的身份，财政为存款保险和不良资产处置提供的资金和政策支持是金融重组得以顺利进行的根本保证。一方面，中央银行最后贷款人的作用仅限于紧急解决金融机构的暂时流动性困难，不能有效解决资本匮乏的问题和进行金融重组，即便是迫不得已将贷款转为金融机构的股本，但基础货币也不能

① 资产处置是化解金融危机过程中相当复杂的部分，通常要长达数年的时间才能完成。

无限制扩张。另一方面，存款保险进行损失赔偿和金融重组以及资产管理公司的资产处置也都离不开财政的支持。大面积的金融机构倒闭使存款保险或政府专设的重组机构及资产处置机构无法依靠自身的资金实力完成金融体系的重组，财政提供的各种形式的资金支持对恢复金融体系的正常运转具有起死回生的重要作用，而且一揽子税收优惠政策也有助于金融重组。并且，财政作为公共风险的最终承担者还在承担着金融危机的最终净成本，如承担金融机构关闭和资产处置的最终成本等。此外，作为宏观调控的重要手段，财政政策由政府直接掌控，财政支出直接构成了有效需求，在启动经济方面具有不可替代的作用。财政政策与化解金融危机制度安排的协调一致及其与货币政策的协调配合，能够有力地推动经济恢复。

第四节　实现金融稳定的制度安排

一、建立金融突发事件应急反应机制专项预案

主要内容有以下三个方面：第一，应急对象，包括金融机构突发事件、支付清算系统危机、汇率与股市震荡等；第二，预警机制，参照国际惯例根据严重和紧急程度，将金融危机分为一般（Ⅳ级）、较重（Ⅲ级）、严重（Ⅱ级）和特别严重（Ⅰ级）四级，分别以蓝色、黄色、橙色和红色表示；第三，应急处理机制，科学界定相关管理部门的职责分工及所应采取的应急措施，明确中国人民银行最后贷款人和货币政策、风险补偿机制组织市场退出和实施金融重组的职责，以及证券监管机构维护股市稳定的职能等。

二、完善中国人民银行的最后贷款人制度

第一，需要明确最后贷款人提供流动性支持的标准和条件，适当提高紧急流动性援助的透明度。第二，丰富流动性支持的手段，完善抵押贷款制度，努力确保再贷款的顺利收回，减少流动性支持对货币政策的干扰。第三，为有效防范道德风险，鼓励金融机构努力经营，应采取必要的惩罚措施，如惩罚性高利率等。

三、建立存款保险制度

从国际经验来看，由独立于财政和中央银行的存款保险来处置问题金融机构和实施金融重组是基本的做法。第一，我国应尽快建立存款保险制度，将隐性保险变为显性保险制度。第二，优化相关机构之间的职能配置，将中国人民银行接管问题商业银行的职责转到存款保险公司，赋予存款保险关闭、接管和重组问题金融机构的职责，使中国人民银行独立执行货币政策和行使最后贷款人职责。第三，通过投保方式、投保机构范围、保险费率及存款保险限额等内容的科学设计，完善存款保险的激励机制，有效防范道德风险。

四、完善金融机构市场退出机制

在明确存款保险处置问题金融机构职责的同时，应尽快完善我国金融机构的市场退出机制。第一，制定统一的标准，区分问题金融机构是否具有生存能力；第二，对问题金融机构的接管、援助和关闭的条件，以及所采取的整顿和重组措施等进行具体的规定；第三，明确问题金融机构关闭和退出市场时适用的损失分摊原则，即股东、次级债券持有者、债权人以及其他相关主体的清偿顺序。为有效降低道德风险，应追究问题金融机构高级管理人员的法律责任，并将股东的清偿顺序置于存款者和债权人之后。

五、加强中国人民银行与监管部门的协调与合作

我国设立银监会之后，形成了由中国银监会与中国证监会、中国保监会在分业经营基础上，分别对银行、证券和保险实施分业监管的体制，中国人民银行负责货币政策和行使最后贷款人职责。从职能分工的情况来看，金融监管部门在了解金融机构的运行情况和获取金融风险信息方面具有明显优势，而这也是中国人民银行履行最后贷款人职责所必需的。尤其是在金融风险突发性强、传播迅速、极具破坏性的条件下，中央银行及时获取信息更是有效行使最后贷款人职责的需要。因此，在现有体制格局下，应努力形成制度化的跨部门工作协调和信息共享机制，加强中国人民银行与监管部门的合作与协调，以更好地发挥中央银行作为最后贷款人和监管机构在防范金融风险与应对突发金融事件和化解金融危机的作用。

第 12 章

美国次贷危机的根源与对策

始于2007年2月的美国次贷危机[①]可与20世纪30年代“大萧条”相提并论。历史告诉我们，次贷危机的爆发绝对不是偶然的。次贷危机的根源究竟在哪里？与20世纪30年代“大萧条”有哪些可比之处？如何才能既快又好地走出危机？这场危机能为我国财税政策决策提供哪些启示？总结美国金融危机的经验与教训，有助于我国更好地应对国际金融危机带来的挑战，以及实现经济社会的科学发展。

第一节 次贷危机爆发根源的深层剖析

一、引发次贷危机的直接原因

从表面看，引发此次危机的原因主要有五个方面：第一，住房抵押贷款条件的放松，使不符合标准的人轻松获得了贷款。第二，以次级房贷为基础经过层层创新的衍生工具，在金融监管松懈的情况下使金融风险呈几何级数放大。第三，信用评级机构不负责任地给予次级房债等衍生产品高级别的A~AAA的信用等级，市场信息可信度大打折扣。第四，资本市场和商业银行之间的“防火墙”的拆除，使商业银行信贷业务与投资银行证券业务相互交织，风险交叉传递。第五，由于金融恐慌，投资者纷纷

① 尽管这场金融危机早已超出“次级房贷”与“次级房债”的范畴，但称之为“次贷危机”仍然是妥当的，因为这是区别于过去已经发生的历次危机的最显著的特征。

大量抛售次级房债乃至其他非政府债券，信用型债券价格大跌。

进一步看，这里有诸多问题需要深层次思考：为什么住房贷款金融机构置风险于不顾，而要把贷款发放给不具备还款能力的受贷对象？为什么美国在20世纪90年代中期拆除了实行了60余年的资本市场与商业银行之间的“防火墙”制度？为什么美国联邦“精英”们及金融监管部门忽视乃至无视金融创新风险，不愿意加强与改善金融监管？为什么信用评级机构背离了曾经遵循的为资本主义辩护士所“顶礼膜拜”的诚信原则？究竟是美国高度发达的金融体系出现了不可救药的“疾病”，还是美国经济繁荣表层低下深藏着不可告人的“黑洞”，抑或是美国主流经济理论再一次走到了“悬崖”边上？

二、经济社会变迁背景下的比较分析

要彻底搞清楚上述问题，需要我们把视野回溯扩展至自20世纪20年代以来的美国经济社会变迁。在这近90年的时间内，大致经历了三个发展阶段：1933年前的自由放任时期，以“大萧条”的形式宣告新古典经济理论的失败；1933～1981年的政府干预时期，以“经济滞胀”的形式宣告了凯恩斯主义的失败；1981年至今市场自由化重新抬头并渐趋泛滥的时期，以次贷危机的形式宣告了金融与市场原教旨主义的失败。仔细观察我们不难发现次贷危机与20世纪30年代“大萧条”之间存在着难以割裂的联系，分析两者之间的异同，可以让我们更清醒地认识次贷危机爆发的根源。

从相似性角度看，1929年之前美国经历了“咆哮的20年代”，形成了汽车工业、耐用电器、住房建设等主要经济增长点，同时使土地、住房、股市等投机达到顶峰。2007年之前美国则经历了20世纪“喧嚣的90年代”，形成了信息技术产业、住房建设等主要经济增长点，同时使土地、住房、股市等投机达到新的高度。在这两次危机酝酿、潜伏、爆发等时期，主流经济理论无一例外地都是自由放任主义。自由放任主义之所以能在凯恩斯主义之后重新崛起，除了后者自身理论上存在缺陷及在现实中出现重大失误之外，由科技进步与创新引发的生产力水平的大幅提高，使市场“神话”得以再次展现在世人面前。而当生产力“大潮”达到阶段性高点之后，“过热”行业和资产投机“泡沫”必然面临着“退热”和“破灭”的危险。

从差异性角度看，1929年以前的美国正走在工业实业立国的发展道路上，生产力的巨大增长引人注目，进出口贸易在经济发展中占据着重要地位，而且经常保持出超顺差优势，美元升值压力较大，金融服务业在整个国民经济中的比重与规模相对较小，美国在经济规模上虽已超过英国，但尚未在全球形成显著优势地位。毫无疑问，美国是20世纪30年代“大萧条”的直接受害者，但并不是最大的受害者，欧洲国家才是这场危机的最大受害者，并由此加速了第二次世界大战的爆发，使得美国最终得以真正崛起并超过欧洲，成为全世界的领导者。

20世纪80年代后，美国继续保持世界第一的超级大国地位，依赖于军事与科技实力、美元本位制、对全球资源的控制、农业和粮食战略四大支柱，在全球建立起霸权地位，逐渐形成了过分倚重海外市场投资赚取高额利润和主要利用国外廉价资源、原材料、商品、市场支撑本国过度消费的经济模式。这一模式的优势非常突出，可以在全球范围内优化资源配置，但其缺陷也很明显，即具有高风险性，在资本逐利的驱使下，本国产业的发展潜力未能得到有效扶持，美国资本在全球和本国的投机反而愈燃愈烈，使美国经济与全世界都处于一种结构错配的状态之中。

1981年里根总统上任后，从华盛顿到纽约再到加利福尼亚，到处都在讲“后工业社会”的新观念。自此，美国的经济繁荣与投资建设最现代化的工业生产能力再也没有关系了。就美国“巨人”而言，钢铁已是“夕阳”产业，赚钱太慢；购物中心、新大西洋赌城、娱乐城以及豪华度假酒店才是“能挣钱的地方”；操纵石油价格、借钱生钱等投机来钱更易。因此，公路因缺乏日常维护而断毁；桥梁因结构安全问题而有很多倒塌；在匹兹堡的贫困地区，水系污染严重；主要城市的医院无人就医；为中低收入家庭提供的住宅用房破败不堪。1989年估算，重建美国破败的公共设施需要3.3万亿美元的净投资。1990年，布什政府提议由私营企业解决这些问题。① 事实上，上述问题至今都未得到妥善解决。

还有更重要的问题等待着政府去解决。1979年，美国政府数据显示有2400万美国人生活在贫困线以下（贫困线标准定为全年收入少于6000美元）。1988年，这个数字增长了30%，达到3200万。随后的十多年中，美国经济增长不够快，但收入分配差距拉大速度却很快。基尼系数从1990年的0.428上升到2005年的0.469，社会财富由底层和中层向最高层人群汇集，绝大多数人口的生活水平相对下降。据美国众议院筹款委员

① （美）威廉·恩道尔：《石油战争》，知识产权出版社2008年版，p216。

会的研究显示，自1980年至2005年，收入最高的20%的人的实际收入增长了32%。①

收入分配上的差距告诉我们，是“越来越发达的生产力与消费关系的狭隘基础发生的冲突”，② 在危机爆发中发挥了根本性的决定作用。一方面，为了实现资本的无限欲望，唯利是图的资本家彻底“绑架”了国会与政府，不仅成功逃脱了政府监管，而且利用“买来”的政府支持大发横财，国家政权成为垄断资本的工具。③ 另一方面，为了改善生存状态，中低收入群体不得不依靠过度借债支撑消费。两者之间的矛盾，使得现代化的美国经济患上了日益严重的“信用依赖”症。在一定限度内，信用对资本与公众两方都有益，超出一定限度后就会带来灭顶之灾。

从终极意义上讲，次级房贷及其衍生品的创造、资本市场与商业银行之间的“防火墙”的拆除、金融监管的放松、信用评级机构的诚信丧失、金融与市场自由主义的泛滥、经济结构的严重失衡等一系列问题的存在，无不是为了实现美国资本集团尤其是“塔尖”上的垄断金融资本的利润最大化。很多人注意到了成千上万的次贷危机受害者痛不欲生，却很少有人发现还有少数受益者躲在不为人知的角落里偷偷发笑。这才是次贷危机的真实本相，也是美国经济模式本质的最佳展示。次贷危机过后，美国与世界会发生怎样的变化，绝不亚于20世纪30年代“大萧条”带来的影响。

第二节　走出危机之路

一、次贷危机演变趋势研判

后危机时代的美国经济增长预期并不乐观。由于住宅市场调整周期长，影响面广度深，且经济增长动力被迫转向占比不足30%的固定资本

---

① （美）威廉·恩道尔：《石油战争》，知识产权出版社2008年版，p217。

② 马克思：《资本论》（第3卷），人民出版社1975年版，p273。

③ 据《华盛顿邮报》9月14日披露，2000年3月，时任财政部副部长的加里根斯勒前往国会山作证，支持一项对“两房”加强监管的议案。然而，议案未获得通过。“两房”的高管们通过在国会的盟友一次又一次对国会游说，并对联邦住宅企业监督办公室施压，还通过每年花掉上亿美元广告费和向一些国会议员捐资，最终实现了自己的资本诉求。

投资和出口，美国经济复苏必然乏力。2008 年 12 月 16 日，美联储将联邦基金利率降至 0 ~ 0.25%，货币政策已处于“黔驴技穷”的尴尬之中，还导致了美元贬值和石油等价格上升，带来了通货膨胀压力，而住房市场调整依然遥遥无期，没有结束的迹象。

美国数十次金融危机纵向联系起来呈现出一个共同的趋势，即经济周期微波化，经济周期波动变得越来越平缓。[①] 主要是因为所得税自动稳定器作用的加强、社会保障功能的发挥、就业结构的高级化、信息技术的应用、新兴市场国家的发展、生产的全球化等因素，使得许多传统的金融和经济风险被淡化与减弱。从这个意义上讲，美国反危机的能力因金融危机频发而得到逐步增强。因此，在及时有效地开展政府救助的情况下，此次危机演变为全面经济危机的可能性并不大。

从根本上看，美国次贷危机是以美元为中心的货币体系的危机。那么，此次危机是否意味着“美元本位制”的崩溃？答案是否定的。第一，因为美元本位制是镶嵌在军事同盟基础之上的国际货币体系，一次金融危机不足以撼动美国的军事、经济地位。[②] 第二，至今尚无能够取代美元的其他货币出现。虽然欧元区 GDP 总量已超过美国，但其成员国的经济发展模式和实力差别很大，尚不具备取代美元所需要的整体实力。在危机面前，欧洲与日本可能也有自己的“算盘”，但在基本原则上只能选择与美国共进退，除此别无二策。这有利于危机早日终结。

基于此，次贷危机不可能一直恶化下去，也很难走出 V 型反转之路，最大的可能是 L 型曲线，底部时间的长短取决于美国政府寻找到下一个新“泡沫”的时间长短。[③] 从当前美国实际看，住房市场难以在短期内复苏，新能源、生物产业的鼎盛也尚需时日，最有可能崛起的是环保设备制造业，这一产业在美国经过了长期的技术与资本准备，已经趋于成熟，极有可能先于新能源、生物产业成为新一轮生产力增长的中坚力量。

---

① 曹永福：“美国经济周期微波化研究综述”，载于李向阳主编《世界经济前沿问题》，社会科学文献出版社 2007 年版，p507。

② 事实上，金融霸权的衰落会持续很长时间，如同当年美国崛起时，英国金融霸权仍维持了数十年。

③ 金融危机对美国已不是新鲜事。从土地泡沫（1857 年）到铁路泡沫（1873 年），从一个新兴产业泡沫（1920 年代）到另一个新兴产业泡沫（20 世纪 50 年代，20 世纪 90 年代），差不多每十年一次，一个泡沫破灭所带来的创伤总能迅速地由另一个新泡沫的兴起来修复，开创出一条“创造性毁灭”之路。

二、早日走出危机的政策选择

美国能否走出危机，还取决于政府能否做出科学、妥当的政策选择。20世纪30年代“大萧条”的经验告诉我们，市场在上涨过程中常常持盲目乐观的态度，而在下跌过程中又快速转变为过度悲观主义，市场实质上成为其自身的“掘墓人”，这时只有政府可以救市场。“新政”时期罗斯福曾发表一个著名的观点：“我们所寻求的是我们经济制度中的平衡，也就是农业与工业之间的平衡，拿工资的人、雇员和消费者之间的平衡。我们也寻求使这种平衡，即国内市场保持富裕和扩大，同时保持我们对外贸易账上的借贷双方都有增加。”① 历史告诉我们，罗斯福的这一认识非常接近事实的争相。正是在这一理念指导下，以“救济、恢复和改革”为主要内容的“新政”才得以推开，一只“看得见的有形之手”（政府）开始与市场这只“看不见的手”协调配合发挥作用，实现了美国经济持续数十年的快速发展。

“大萧条”之后，美国政府以促进生产力发展、扩大国内消费及人力资本积累为目的，建立起以社会保障、财政政策、货币政策为主要工具的宏观政策体系，并在第二次世界大战后得到进一步完善。在此后的20世纪60年代中期，约翰逊发起“向贫穷开战”和“大社会计划”；为促进消费与解决失业，也曾掀起“高校扩招”热潮，大学生人数从1960年的400万人快速增加到1975年的1000万人。在这些政策引导下，美国从工业投资扩张阶段逐步转向“后工业”或“服务经济”发展阶段。可以说，20世纪美国国力的兴盛建立在经济制度、工业结构、社会群体等各种关系平衡的基础之上，这是罗斯福“新政”的主要政治遗产。然而，随着国家干预主义的盛极而衰，政府这只“看得见的手”也出现诸多弊端，并导致了另一种失衡。20世纪80年代以后，自由市场主义重新兴起对国家干预主义进行修正，只可惜逐利成性的美国资本家精英们未能基于“否定之否定”开创出经济发展新局面，反而走向新的失衡，最终步入次贷危机的“新泥潭”。

当前，摆在美国政府面前的选择有两个：一是继续增加债务，继续印刷与发行美元，继续危险依赖外部，继续负债消费；二是增强自身的工业

---

① （美）H. N 沙伊贝、H. G 瓦特、H. U 福克纳：《近百年美国经济史》（第9版），中国社会科学出版社1983年版，p280。

生产能力，改变乐观主义的消费方式，消减债务，控制美元发行，完善政府管理制度，修补市场体系。第一种政策选择是现行政策的延续，或能解决部分问题，如果说是能从根本上实现可持续发展，则是天方夜谭，早晚还会陷入更深的危机之中。第二种政策选择早在克林顿政府时期就已提出，如果变成现实，对美国则意味着经济发展模式的一次大转变，即让消费建立在生产的基础上，让进口建立在出口的基础上，让持续增长建立在资产而不是负债的基础上。

在奥巴马政府执政时期，第二种政策还是有可能在一定程度上变为现实的。奥巴马在2009年2月28日的例行电视讲话中声称，提交给国会的政府预算要做到对95%的有工作的美国人实行减税，取消年薪超过25万美元的人们和将工作岗位转移到国外的公司的税收优惠，承诺一个使用清洁、可再生能源的美国经济，创造新的就业岗位、新的美国产业和使美国摆脱对国外原油的危险依赖，扩大对风能、太阳能、先进的生物燃料、清洁煤以及更高效的美国汽车和卡车的投资，推进医疗健康保险和教育的发展，并对院外游说集团和一些既得利益集团的利益加以限制。① 然而，奥巴马政府能否以罗斯福“新政”为榜样，为美国经济建立一种新的平衡，我们只能拭目以待。

第三节　对我国财税政策决策的启示

美国次贷“飓风”引发的国际性金融危机，使我国经济社会发展面临着复杂而严峻的形势。在立足实际的基础上，做出科学的财税政策决策，是当前摆在我们面前的一项重大任务。财税政策是政府宏观调控的重要工具之一，在政策决策时，应具备国际视野，又要立足我国实际，兼顾近期与中长期的不同需要，充分发挥与调动各方面的积极性，才能有效实现各项调控目标。美国近百年经济发展史以及应对多次金融危机的经验与教训，可以为我们提供诸多有价值的启示。

---

① 刘保军译：“美国总统奥巴马的新预算致力于兑现总统诺言”，财政部财政科学研究所《科研内报》，2009年第2期。

一、需要在政府与市场之间建立一种平衡的关系

国内外理论与实践两方面的经验都告诉我们，理想、完美的市场在现实中是不存在的，全能、无限责任的政府也可能做错事。我们需要在政府和市场之间建立一种平衡。一个国家既可能从过度管制中遭受损失，也可能从缺乏管制中遭受损失；既可能从过多的公共支出中遭受损失，也可能从公共投资不足中遭受损失；政府既可能帮助稳定经济，也可能使得经济波动“火上浇油”。这就需要根据具体国情在合理定位政府与市场职能和分工的基础上，建立与完善政府管理制度和市场制度，发挥两方面的积极性。财税政策既要为市场有效发挥作用创造良好条件，也要为政府履行职能提供必要工具。

二、以汽车、住房、耐用电器、信息产业、新能源等为经济增长点大力促进生产力发展和经济结构优化

近十年，冰箱、电视等耐用消费品在农村市场得到普及，住房、汽车成为很多省区与不少城市的主要消费品，自住性、改善性、投资性住房需求依然处于上行区间，城镇居民每百户轿车拥有率的成长空间巨大，这标志着我国进入了“房地产＋汽车”消费时代，并在客观上要求我们在财税政策决策时，从供给角度促进汽车工业、住房建设、耐用电器、信息产业、新能源产业的发展壮大，从消费角度完善促进汽车、住房等消费的财税政策体系。

三、合理调整政府、企业、居民之间的收入分配关系

国内外实践证明，经济失衡的背后必然是分配关系的失衡。我们党和政府有能力有条件主动从分配结构入手，及时化解经济发展中的矛盾或危险。这就要求政府扩大公共支出，满足公众的教育、医疗、住房、养老等基本公共需要；实行有差别的法人所得税，通过规范的税收工具促使企业提高劳动报酬占国民收入的比重；建立与经济发展水平相适应的工资制度及增长机制，保证中低收入群体合理有序地增加收入，从严规范个人收入，坚决取缔非法收入，从机制源头上完善个人收入行为从严约束与全程监督的制度办法。

四、在充分利用外需发展经济的基础上更加注重扩大内需

世界近现代史表明，在大国崛起过程中，外需具有关键性的作用，但崛起后的大国地位维护之道，根本却在于依靠内需支撑本国的经济发展，“用扩大净出口补偿内需不足”的经济模式非常脆弱且很难持久。这就要求财税政策在有效稳定外部需求的基础上积极有序地推动出口结构及外向型发展战略的适时转换，同时又要不失时机地引导、促进与扩大国内消费，提高企业职工劳务报酬的税前列支标准，提高个人所得税起征点，增加低收入群体的工资所得，加大对社会保障、公共医疗、教育的财政支出，降低房地产市场虚高价格，降低部分交易环节税收，积极倡导旅游、文化、体育等服务性消费等。

五、加强对土地、住房、股市等投资及投机行为的调控与监管

基于资本本性的需要，只要有市场存在，就不可能将投机彻底根除。从人类社会发展规律看，土地、住房、股市是各类资本投机的主要对象。这就要求政府根据具体需要适时改进对土地、住房、资本市场投资及投机的监督与管理，绝对不能实行所谓的自由市场主义，坚决反对住房建设与消费的完全市场化，离开政府这只“有形的手”，注定要出大问题。反映在财税政策决策上，要健全土地、住房建设与消费、资本市场等税费政策，强化对土地收益的预算管理，以财政为主体投资建设廉租房，以低价的公共租赁方式提供给低收入群体，满足其自住性需求，向有购房需求但购买力不足的消费者提供必要的财政补贴，制订科学的标准，实行差别补贴，提高其现实购买力，以满足居民不同层次的住房消费需求，维护社会安定与和谐。

第13章

地方金融发展与风险管理

当前，金融业发展日新月异。晚上睡了一觉，第二天醒来后，可能就会发现市场上又多了一个金融工具，多了一种融资渠道。围绕如何认识与做好地方金融工作，下面以赣州市金融业发展为实际案例，[①] 主要介绍四个方面的内容：一是简单梳理一下改革开放以来我国金融的发展和变迁；二是总结近20年来我国经济社会的变化及其对金融工作的影响；三是分析赣州市金融的现状与问题；四是提出做好地方金融工作的几点建议。

第一节 改革开放以来我国的金融发展与变迁

改革开放以来，特别是社会主义市场经济体制改革目标确立以后，我国金融得到了长足发展。通过下面四个概念的诠释，可以揭示近20年的金融发展与变迁。这四个概念分别是传统金融、金融脱媒、影子银行、互联网金融。

一、传统金融

我们对金融最简单的认识，如果让你举个例子，你肯定会想到银行。银行是传统金融的主体。此外，是证券和保险。20世纪90年代中期以

① 自2012年12月17日至2013年12月16日，作者在江西省挂职工作，任赣州市市长助理，协助分管金融工作，本章内容系作者在理论联系实践的基础上，针对赣州市地方金融体系及管理提出了促进金融发展和加强风险管理的政策建议。

前，我们国家的银行政策性业务和商业性业务混为一体，加之银行本身就少，大部分还是大银行，小银行很少，这些银行既有商业化的任务，又有政策性的业务，积累了很多弊端。所以，在20世纪90年代中期，我国启动了一项很重要的改革，实现了商业性金融和政策性金融的分离。

20年后的今天，这项改革的成效怎么样呢？大家都知道，商业银行有中、农、工、建、交等银行，政策性银行有国家开发银行、农业发展银行和进出口银行。2003年以后，这两类银行的业务又开始交叉了，商业银行重新涉足政策性信贷，而政策性银行回归商业化，最大的一个标志是国家开发银行启动了商业化转型。这说明我们国家经济社会发展提出来的金融需求很复杂，单纯的政策性银行和单纯的商业银行都难以满足，才出现这种变过来又变回去的局面。

二、金融脱媒

“脱”是脱掉、规避的意思，“媒”是媒介的意思。“金融脱媒”是什么意思？我们过去需要钱，大家首先想到的渠道就是银行，但是2004年以后，我们发现一些需要信贷资金的机构，可以绕开商业银行这个媒介，通过其他的渠道获取，这样一种变化称为“金融脱媒”，脱离商业银行这个媒介。这一趋势，美国在60年前就已经发生了。结果是银行的地位受到了很大的冲击，一些新的金融机构渐渐地取代了它的一些传统业务。这是传统金融现代化的一个重要表现，也是融资多元化格局的初步形成。最近10年，金融业的变化速度非常快，可能三、五年的时间，就进入了一个新的发展阶段。

三、影子银行

什么叫“影子银行”，媒体上经常出现这个概念。这是一家银行吗？不是。如果是银行，就不会叫它“影子银行”了。为什么又叫它“影子银行”，因为它起到了银行的作用，而且这个金融机构是实实在在存在的，但是脱离了现行监管体系和制度的约束。主要有三个渠道为我们提供了“影子银行”。

第一个渠道是商业银行的理财产品。[①] 现在很多银行不贷款，或少贷款，大力拓展理财产品业务。理财产品是什么？它本质上是一种投资工具，学术上可以称为“银行贷款的证券化”，在银行报表里属于表外的资产。表外和表内，监管是不一样的，财务规定也不一样。

第二个渠道是非银行金融机构的类信贷类产品。非银行金融机构不是银行，像信托、保险、基金公司，本来它们不能放贷，但是这些机构通过一些投资工具的转换，可以变成一种实质性的银行贷款，它和商业银行的理财产品紧密地结合在一起，最终实现了形式上的转换。

第三个渠道是地下钱庄或民间金融。很多地下钱庄、民间金融，都逃避了国家的监管，实际上承担了银行的功能，像辽宁蚁力神集资案，[②] 也是“影子银行”的一个体现。

四、互联网金融

2013 年 5 月 11 日，马云辞去阿里巴巴的 CEO 职务。对此，很多人不理解，做得好好的，为什么不干了？那是因为马云发现了一个更好的选择——互联网金融。互联网金融的典型代表就是“阿里模式”。另外，还有“平安模式”，中国平安本身是做保险的，却拿到了银行牌照，保险公司下面有银行，叫平安银行。平安银行下面有个子公司，叫平安金融科技公司，它和全世界最大的电子商务外贸平台 ebay 合作开发了一种互联网金融工具，叫“贷贷平安”。这是 2013 年我国金融行业出现的一个最新的变化。

互联网金融，继承了“金融脱媒”和“影子银行”的一些理念，绕过了传统金融的主体银行，实现了更大的创新，几乎绕过了整个金融体系。电子商务企业本来是买卖商品的，由于积累了丰富的交易数据，它依托于信息优势，能够精准地定位客户的收入、购买力及其贷款需求，据此直接可以向它发放信用贷款，单笔额度很小，但由于数量非常大，所以总体规模相当可观。像阿里巴巴“余额宝”余额规模，在很短的时间内就

---

① 所谓理财产品，是由商业银行和正规金融机构自行设计并发行，将募集到的资金根据产品合同约定投入相关金融市场及购买相关金融产品，获取投资收益后，根据合同约定分配给投资人的一类理财产品。

② 新华网沈阳2008 年 11 月 27 日电（记者魏运亨）：以养蚂蚁致富为诱饵，营口东华经贸（集团）有限公司董事长兼总经理汪振东非法集资诈骗人民币 29.9 亿多元。经最高人民法院核准，汪振东 26 日在辽宁省营口市被执行死刑。

超过了200亿元。由于它不用抵押，成本低，手续简单，受到了市场的欢迎，展现出强大的生命力。

马云的这种模式有利也有弊，但它代表着金融业的发展方向，因为它为社会贡献了更低成本的融资工具。当然，它也可能产生很大的金融风险，对此，我们必须要有足够清醒的认识。

这样四个概念，勾画出过去20多年，尤其是近10年来，金融业的发展脉络。大家能够感受到，金融业的发展很快，而且呈加速的趋势。对应着这四个金融概念，在我们经济社会中产生了四个后果。

第一，很多银行资金在实体经济以外循环。通常老百姓把钱存到银行，银行通过贷款的方式将钱投入实体经济，获取利润，支付储户利息。但是，近些年来，很多银行的资金并没有流入实体经济，而是在实体经济之外循环，甚至在金融体系内部空转。A卖给B有10%的收益，B卖给C又有10%的收益，大家就这样一直卖下去，只要资金链不断裂，就没有风险。事实上，这种玩法注定有崩溃的一天。

第二，很多金融资金流入房地产业。很多房地产商建楼造房，它的资金来源离不开金融机构。很多有买房需求的老百姓，他买房子的钱也离不开金融机构。10多年来，我国房地产业发展迅速，投资收益也相对较高，使得一批工业企业、现代服务业等实业家，将资金投向房地产业，不利于实体经济的发展升级，助涨了房地产业泡沫。

第三，很多金融资金流入政府投资的基础设施建设项目。金融机构出于安全方面的考虑，它手中的钱不愿意贷给企业，更愿意贷给政府，投向基础设施建设项目或其他政府投资领域，资金流入回报率低、周期长的投资项目。当然，地方政府对此是持欢迎态度的。在满足了政府资金需求的同时，也产生了一个不利的影响，那就是很多中小微企业难以获得银行信贷，阻碍了实体经济的发展。

第四，很多金融资金流入大企业、大机构。自2013年7月20日起，国家全面放开金融机构贷款利率管制。利率放开以后，大企业、大机构获取贷款的成本会更低，渠道会更方便。我们国家的金融存在一个根本性的结构问题，金融机构数量太少，中行、农行、工行、建行、交行等大机构占的比重很高，一般企业跟它们谈判的地位不对等。为什么中小企业融资难？因为缺少为中小企业服务的金融机构，从而限制了实体经济的发展。

当前所面临的很多问题，都受制于我们这个时代建立的这套金融体系，结构建成了，必然会产生相应的后果，而这四个后果，亟待政府下定决心妥善解决。截至目前，已经做出来许多难能可贵的探索和改革①，这是实现“中国梦”一个重要的途径。

第二节　近 20 年经济社会的变化及其对金融的影响

金融的变化，脱离不了时代大环境，脱离不了整个经济社会的发展。做好地方金融工作，需要清醒认识我们生存的这个大环境及其可能带来种种影响。

一、财政的变化及影响

2014 年是分税制改革实施 20 周年。1994 年建立分税制财政体制，成为我国当代经济社会发展的重大分水岭。1994 年以前，是中央向地方要钱。1994 年以后，局面发生了逆转，因为推行了分税制财税体制改革。这项改革来得非常不容易，是中央政府做出了很大让步，才成功推出的。其中一个让步就是，有些省份提出土地出让收入要归地方政府。在 1994 年建立分税制之初，“土地财政”即已发端。一个新的事物一出现，会带来很深远的影响。“土地财政”今日成为地方财政的主导模式，它是有客观基础的，我们不能武断地评价“土地财政”的坏和好，而要实事求是地来认识这个事情。

1994 年分税制财政体制在全国推出以后，在一个中等城市，市政府领导向他的干部提出，要好好地研究新的财政体制，地方政府应该怎么应对？这个地方很快提出了应对新体制的办法，“让开大道、占领两厢”八字方针。“让开大道”是什么意思，工业发展是“大道”，我们不发展工业，让出去。发展什么？“占领两厢”，占领小道，至少不是主流，“两厢”是经营城市和现代服务业。

为什么会得出这八个字的结论？当地的市领导带领大家学习完分税制改革的方案，很快发现，发展工业对地方政府的好处很少，因为增值税的

① 2013 年“两会”之后，李克强总理多次提出激活货币信贷存量、盘活财政存量资金，开始采取妥善措施解决这些问题。

75%让中央拿走了，只留给地方25%，这25%还要在四级政府之间分配，工业比重越大，等于给中央做的贡献越大。经营城市和现代服务业不一样，它形成的是纯地方收入。

持这种观点的地方政府领导不在少数，一定要明白，体制一旦确立，大家都会从自己的利益出发，来选择应对之策。财政体制在1994年以后发生了根本性的变化，带来了一系列的影响。干事最多的一级政府最没有钱，所以导致基层政府通过各种渠道去卖地，去融资，这里是源头。如果这个体制不修改或完善，今天的很多做法仍然会持续下去。

在财政改革的同时，我国金融业也发生了很大变化。在宏观金融政策方面，我们进入了M2快速增长期，在推动经济增长的同时，也引发了一系列复杂影响。今天的100块钱，相当于20世纪80年代的多少钱？相当于20世纪90年代的多少钱？有人写了一篇文章说，现在的100块钱相当于10年前的30块钱。这种变化，有喜有忧。

二、房地产领域的变化及影响

在财政和货币领域发生变化的同时，我国经济社会还有一个最引人注目的变化就是房地产业。从1998年到2013年，仅仅15年的时间，房地产业的迅猛变化，超出了常人的预期。以2012年的价格，在北京3环内的一平方米的房屋，可以换50头猪，或28头牛，或一辆中型货车，或2辆面包车，或2万斤大米。这样一个价格，让人想起了1636年荷兰郁金香投资狂热。那时，1朵郁金香，可以换8头猪、4头牛、1张床加1条船。

按照世界史经验，我国房地产业至少有60年以上的兴盛期，我们才刚刚走过15年。这个行业充满着希望，但需要改革和完善相关的政策、机制和制度，实现稳定、持续、协调发展。

三、政府自身的变化及影响

除财政、金融及房地产等领域的变化之外，近20年来我国经济社会的第三个变化，发生在政府体系里。很多部委都有大量的财政资金，很多资金都是上级带着“帽子”、带着项目、带着意图转移给地方。很多地方需要钱，不一定需要这笔资金所“戴的帽子”，但如果地方政府不按照上级政府的意图去做，极有可能受到严厉处罚。

财政体制改革中，最容易推出的一项举措，就是压缩专项转移支付的规模，加大一般性转移支付的比重。就是这样一项改革，也是困难重重。2013年，全国公共财政收入约12.9万亿，中央集中了约6万亿，但自己只花出去1.2万亿，其余4.8万亿全部转移给了地方，给谁不给谁，给多少怎么给，都是规范政府间转移支付制度的关键所在，亟待采取妥当措施把这项改革推行到我们预期的目标上来。

四、外部环境的变化及影响

第四个变化是外部环境越来越恶化。1998年发生了东南亚金融危机，为了应对东南亚金融危机，政府提出了扩大内需。扩大内需的工具无非是投资和消费，消费很难在短时间内扩大，主要采取的工具是投资，企业投资和私人投资又很难扩大，所以最主要的工具是政府投资。政府要投资，钱从哪个地方来？中央政府提出中央发债，转贷给地方，把这笔钱花出去。

2008年，美国发生了次贷危机，也影响到了中国。2010年，欧洲发生了主权债务危机，对中国的影响进一步加大。政府仍然是扩大投资，资金由地方政府自己去借，自己去还。所以2008年以后，地方政府融资平台爆发式成长。很多区县一级政府就是在2008年或者是2009年，成立了地方政府融资平台公司。当然，中央政府始终盯着地方政府借钱的速度和增长的幅度，一旦达到了预期目标，马上收紧地方政府的融资渠道。所以，进入2010年后，我国地方融资平台政策发生了逆转，一直持续到今天。

为什么会发生这种变化？政府投资的钱足够了，不需要扩大规模了，所以开始着手清理整顿规范政府融资平台。这样做并不是把融资平台的出路全部堵死，而是留了一个出口，就是要走市场化、实体化、规范化的发展道路。在这个问题上，中央决策还是很有智慧的，既实现了宏观调控的目的，又及早意识到由此带来的一些风险，及时采取手段来消除负面影响。

如前所述，我国财政、房地产业、政府自身及国际环境发生了深刻变化。了解时代背景，才能更好地理解中央政策，才能够找到解决实际问题的好办法。近20年来发生的这些变化，今天仍然在继续，特别是国际环境，面临着更大的不确定性，使得我们未来的经济社会环境更加复杂化。当前，我们面临的宏观环境、国际环境可能每3个月就会发生一次大的变化，每一位领导干部都应该及时地去了解把握这种大环境的变化，做出相应的应对措施。这种不稳定性和不确定性，可能会成为新中国第三个30年最大的一个特征，非常考验我们的智慧，为地方政府开展金融工作增加了很大的难度。

第三节　地方金融的现状和问题剖析

一、地方金融体系架构基本成熟

最近10年，特别是自2010年以来，赣州市金融发展特别快。目前进驻赣州市的银行有17家（包括3家村镇银行），保险公司28家，证券公司10家，期货经济公司2家，小额贷款公司21家，融资性担保机构38家。这些数字告诉我们，赣州市的金融体系基本建成，该有的基本上都有了。

在组织体系日益完善的同时，直接融资的渠道也不断扩大。传统融资渠道是通过银行贷款获得，这叫间接融资。而直接融资是绕过银行去资本市场上，比如，上市、发债、股权重组。最近几年，直接融资的渠道得到了拓展。拟上市的公司有打算去香港联交所，也有打算去吉隆坡交易所，也有到国内A股市场——上海证券交易所和深圳交易所。除此之外，还开展了城投债、中期票据以及区域绩优票据融资的尝试。

与此同时，金融改革创新的步伐也在加快，网络金融创新已经启动，江西省金融办已经同意，进入赣州的电商企业，在赣州发起设立的网络小贷公司，经营政策比较优惠，区域可以放宽到全省，对赣州的互联网金融业发展提供了一个很好的政策环境。赣州是资源重地，围绕着钨和稀土等稀有金属的交易，研究组建稀有金属期货交易所，这些改革都在推进过程当中。

二、现实中存在的问题

在看到成绩的同时，我们也应该看到问题。现在赣州市的金融仍然处于初级发展阶段。通过下面一些数据可以反映出来，赣州市金融业及其经济社会所处的发展阶段。

（一）存贷比

金融业有一个很重要的指标，就是看地方存款与贷款的比例是大于1还是小于1。2012年赣州市的存款首次突破2000亿大关，但是贷款只有1283亿元，那800亿钱跑哪去了？肯定流到了赣州市以外的地方。赣州市本来缺钱，但是自己存的很多钱却流到了赣州市以外的地方，这说明赣州市的经济发展相对落后。

哪些地方的存款少于贷款？有没有存款超过贷款这样的城市？有。这样的城市一般是工业化发达、农业比例很低的地方。比如，内蒙古乌海市，它的贷款就超过了存款。乌海是一个工业小城市，城市不大，但是它的农业只有不到5%的比重，工业化程度非常高。什么时候赣州的贷款超过了存款，那赣州的经济实力就真正强大了，这是衡量经济社会发展的一个重要指标。

（二）虚拟经济领域银行资金进入的比重

据中国人民银行统计数据，赣州市的银行资金、金融机构的一些资金进入虚拟经济领域，占全市所有存款的比重大约占到了1/4。这里讲的虚拟经济，具体包括债券市场、银行间市场、房地产市场三大领域，赣州市至少有3/4的金融资金用于了实体经济。

（三）小微企业的不良贷款率

赣州市小微企业占比90%以上，小微企业也获得了一些贷款，获得的这些贷款有些形成了不良，不良贷款占所有金融业不良贷款的比重是47.08%。这个占比还是有点高的，也就是贷给小微企业的资金，有将近一半形成了不良，应该采取有效措施应对这一局面。

（四）直接融资占社会融资总量的比重

赣州市这个指标只有6.69%，全国直接融资占社会融资总量的平均水平为13.3%。这说明赣州直接融资的业务创新滞后于绝大多数地方，这也是欠发达的一个表现。

（五）基金市场刚刚起步

赣州的基金还是比较少的，包括红石基金、盛虔基金，不超过十支，总量也比较小。

（六）新型金融工具未得有效运用

风险投资、创业投资、私募股权投资，在东部沿海已经非常普通，做得很红火，在赣州几乎是空白的，未来发展空间和潜力都非常巨大。

（七）现有政策运用不到位

国发【2012】21号文规定赣州市可以尝试的金融工具，如企业债、中期票据、短期融资券、中小企业集合票据、上市融资、产业投资基金，实际工作中运用比较少，未充分发挥出国务院专门扶持赣南革命老区振兴发展政策文件的作用。

笔者曾经在几个县搞过上市工作调研，有的企业老板对市场、对技术判断和掌握都非常高明，但就是不愿意上市。赣州市这么大，上市企业的数量非常少，而江苏江阴一个县级市的上市公司接近30家。利用好国发21号文，尤其是要利用好金融工具，促进地方经济发展和社会进步，需要做的工作还很多。

通过上述七个方面的指标，我们大致可以判断，赣州市的金融业既取得了显著进步，也还有很大的成长空间。

第四节　做好地方金融工作的具体建议

一、夯实金融工作的基础

一个地方要想发展金融业，不能凭空脱离实际来讲，必须要有基础。赣州发展金融业的基础有没有？经过调研和思考，笔者认为我们还是有这个基础的，而且这个基础会越来越好。金融业的发展离不开当地的经济发展，地方经济发展又是建立在赣州的各种优势基础之上。所以，首先要知道自己的优势在哪里，这些优势能不能为金融业的发展提供一个支撑。客观讲，赣州主要有五个方面的优势。

（一）区位优势

以赣州市为中心，向四周任何一个方向驾车行驶四个小时以内，没有明显超越赣州的地方。2003年以来，赣州的交通瓶颈被逐步破除，在高速铁路通车之后，四小时经济圈将缩短为两小时经济圈，赣州到南昌、广州、厦门的时间会缩短成两个小时左右，这是一个地方经济发展、金融业发展的最重要基础。

（二）人口优势

一个地方，乃至一个国家，最宝贵的资源，不是财政资金，也不是资源，而是人口。赣州的人口总量比较大，将近1000万人，代表我们的消费潜力和市场规模是非常大的。自身的投资需求较大，经济自生能力也非常强大。

（三）政策优势

国发【2012】21号文为赣州提供了千载难逢的历史机遇，使赣州成为中部中的西部、老区中的特区。中央领导对革命老区的关心关怀，使得赣州这个红色故转换成了中央文件及政策优势。实际上，赣州有很多资源禀赋都需要这种转换，才能真正形成经济优势。

（四）资源优势

赣州拥有钨和稀土等稀有金属，不仅在国内有影响，在全世界影响都非常大。但是赣州钨和稀土的资源优势，仍然没有充分发挥出来。过去很长时间里，赣州的稀土真的是当土卖，要想把资源优势真正转换成产业优势、经济优势，需要借助金融的力量，推动资源产业精深加工，提升产业链竞争力。

赣州的钨和稀土资源优势很大，交易集散地也不在赣州，钨和稀土的种种交易信息赣州也不掌握，定价权方面没有发言的空间。这一不利局面怎样才能改变？第一，赣州要建立钨和稀土的现货交易集散地，现货交易集中以后就会形成信息优势地位，进而影响整个市场。第二，在现货交易基础上建立期货交易，可以成为稀有金属市场的资本营运中心。第三，成为稀有金属企业管理创新中心、行业科技研发中心。

（五）生态优势

赣州拥有非常突出的生态、旅游、文化等优势，已经有保险公司来赣州洽谈建立养老社区等投资项目，依托于生态和文化资源，还可以整合旅游、教育等，发展现代服务业。这是未来的朝阳产业，有极大的增长空间，也有利于维护生态环境，值得大力探索。

上述五大优势为赣州市振兴发展、为金融业创新和改革提供了坚实的基础。

二、做好地方金融工作的具体建议

（一）建设区域性金融中心

赣州处在赣粤闽湘四省交界的中心地位，具备条件建设区域性的金融中心。怎么理解区域性金融中心的建设？这离不开五个方面，第一是资本运营的中心；第二是产融结合的中心；第三是特色金融服务的中心；第四是创新示范的中心；第五是金融信息的中心。围绕着这五个方面去做工作，才能真正变成实质性的区域金融中心。当然，要达到这样一个目标，还需要金融业与工业、农业及其他现代服务业同步协调推进。

（二）完善金融业的政策体系

借鉴其他发达城市经验，建设金融商务核心区的建设，完善金融政策体系，加大金融机构引进力度，改善金融服务，推动互联网金融、民营金融发展，促进金融创新。

（三）健全金融组织体系

在银行、保险、证券这些传统金融机构以外，基金公司、资产管理公司、投资管理公司、典当业、融资租赁、信托、财务公司、消费金融公司，还有为金融业提供服务的一些中介机构，都是金融业的重要组成部分。要利用好国务院新出台的金融新政，建立健全金融组织体系。

（四）提高直接融资的比重

推动企业走上市融资的发展道路，可以上股市，或第三板、第四板融资。通过债务、股权进行融资，这是未来金融业发展的一个主要方向。

（五）设立政府引导基金

设立政府需要加快发展的产业基金、城市建设基金、上市企业的引导基金等。基金公司出一定比例的金额，地方政府出一定比例的金额，然后共同完成这项投资，获取相应的收益和回报。

（六）培育稀有金属的期货交易和现货交易

创造条件改善现货交易的环境，为期货交易的建设和扩大提供一个良好的基础，使赣州成为钨和稀土交易的信息中心、资本运营中心和定价中心。这样一个目标不是遥不可及，而是极有可能。

（七）做大做强地方政府融资平台

国家的财政体制短期内难以改变，地方融资平台一定不会全部关掉，可以借鉴湖北、天津、重庆、漳州和无锡等地的成功做法，为地方经济社会发展提供更好的服务。

（八）做好金融风险的防控工作

金融是一把“双刃剑”，它推动经济发展的作用很强，但是可能带来的风险也非常大。尤其是在区县一级政府，融资成本大、融资方式单一、融资渠道少等问题，进一步放大了金融风险。现在，有一种模式比较流行，江苏的严介和创立了一种城市基础设施建设的BT模式，地方政府把城建项目交给他，他出钱，他来建，然后地方政府在未来5～10年回购。严介和模式已经引起国家高层的高度关注，它可能促进地方经济的发展，也可能带来极大的金融风险，不可盲目尝试。

参考文献

1. 马克思：《资本论》（第三卷），人民出版社 1975 年版。

2. 朱镕基：《朱镕基讲话实录》，人民出版社 2011 年版。

3. 黄达：《金融学》（第三版），中国人民大学出版社 2013 年版。

4. 项怀诚主编：《市场经济国家财政机构设置及职能》，经济科学出版社 2000 年版。

5. 楼继伟：《中国政府间财政关系再思考》，中国财政经济出版社 2013 年版。

6. 陈共：《财政学》（第四版），中国人民大学出版社 2004 年版。

7. 财政部课题组：《英国财政制度》，中国财政经济出版社 1998 年版。

8. 财政部课题组：《美国财政制度》，中国财政经济出版社 1998 年版。

9. 财政部课题组：《日本财政制度》，中国财政经济出版社 1998 年版。

10. 中国人民银行国际司："放眼世界：中国人民银行出国报告文萃"，2001 年 5 月。

11. 国家开发银行与中国人民大学联合课题组：《开发性金融论纲》，中国人民大学出版社 2006 年版。

12. 冯健身：《公共债务》，中国财政经济出版社 2000 年版。

13. 贾康：《财政本质与财政调控》，经济科学出版社 1998 年版。

14. 刘尚希等：《宏观金融风险与政府财政责任》，中国财经出版社 2006 年版。

15. 陈毓圭：《财务学术前沿课题》，经济科学出版社 2002 年版。

16. 叶世昌等：《中国古近代金融史》，复旦大学出版社 2001 年版。

17. 孔祥毅：《金融票号史论》，中国金融出版社 2003 年版。

18. 李飞等：《中国金融通史》（六卷本），中国金融出版社 2002 年版。

19. 顾龙生：《中国共产党经济思想史》，山西经济出版社 1999 年版。

20. 程霖：《中国近代银行制度建设思想研究（1859～1949）》，上海财经大学出版社 1999 年版。

21. 文史资料研究委员会：《法币、金圆券与黄金风潮》，文史资料出版社 1985 年版。

22. 史若民：《票商兴衰史》，中国经济出版社 1998 年版。

23. 贾康、闫坤：《转轨中的财政制度变革》，上海远东出版社 1999 年版。

24. 胡学好：《中国政策性金融理论与实践》，经济科学出版社 2006 年版。

25. 国家开发银行："财政、金融管理与开发性金融论坛会议资料"，2006 年 2 月上海。

26. 白钦先、王伟：《各国开发性政策性金融体制比较》，中国金融出版社 2005 年版。

27. 耿明斋等：《转轨时期的投资体制和投资运作方式》，中国经济出版社 2001 年版。

28. 白钦先、曲昭光：《各国政策性金融机构比较》，中国金融出版社 1993 年版。

29. 庄俊鸿主编：《政策性银行概论》，中国金融出版社 2001 年版。

30. 李俊元：《投融资体制比较》，机械工业出版社 2003 年版。

31. 邱华炳主编：《政策性银行与金融创新研究》，厦门大学出版社 2002 年版。

32. 王曙光、乔郁等：《农村金融学》，北京大学出版社 2008 年版。

33. 于海：《中外农业金融制度比较研究》，中国金融出版社 2004 年版。

34. 天津农村合作银行编：《天津农村合作银行 2006 年经营报告》。

35. 周脉伏：《农村信用社制度变迁与创新》，中国金融出版社 2006 年版。

36. 杨立：《迈向二十一世纪》，中国经济出版社 2000 年版。

37. 唐海：《新时期农村信用社改革工作指导》，中国财政经济出版社 2004 年版。

38. 徐元铖：《新形势下的金融风险管理》，人民日报出版社 2005 年版。

39. 张宏安：《国债转贷》，中国财政经济出版社 2002 年版。

40. 刘振亚：《美国债券市场》，经济科学出版社 2001 年版。

41. 李一花：《中国地方政府投资研究》，经济科学出版社 2003 年版。

42. 王绍光：《美国进步时代的启示》，中国财政经济出版社 2002 年版。

43. 马骏：《中国公共预算改革：理性化与民主化》，中央编译局出版社 2005 年版。

44. 苟燕楠、董静：《公共预算决策——现代观点》，中国财政经济出版社 2004 年版。

45. 马骏：《公共管理研究》（第四卷），上海人民出版社 2006 年版。

46. 海峡二十七城丛书编委会：《作家笔下的赣州》，海峡文艺出版社 2010 年版。

47. 江晓美：《海上马车夫：荷兰金融战役史》，中国科学技术出版社 2009 年版。

48. 亚洲开发银行著，张通译：《公共支出管理》，中国财政经济出版社 2000 年版。

49. 罗伯特·齐普夫：《债券市场运作》，清华大学出版社 1998 年版。

50. （美）法博齐等：《金融市场与金融机构基础》，机械工业出版社 2010 年版。

51. （美）金德尔伯格：《疯狂、惊恐和崩溃：金融危机史》，中国金融出版社 2007 年版。

52. （美）金德尔伯格：《西欧金融史》，中国金融出版社 2007 年版。

53. （英）波斯坦等：《剑桥欧洲经济史》（第七卷），经济科学出版社 2004 年版。

54. （英）戴维斯：《欧洲史》，世界知识出版社 2007 年版。

55. （俄）亚·维·菲利波夫：《俄罗斯现代史》，中国社会科学出版社 2009 年版。

56. H. N 沙伊贝、H. G 瓦特、H. U 福克纳：《近百年美国经济史》（第 9 版），中国社会科学出版社 1983 年版。

57. 约瑟夫·斯蒂格利茨：《喧嚣的九十年代》，中国金融出版社 2005 年版。

58. 约翰·F. 沃克、哈罗德·G. 瓦特:《美国大政府的兴起》,重庆出版社2001年版。

59. 斯坦利·L. 恩格尔曼、罗伯特·E. 高尔曼:《剑桥美国经济史》(第三卷),中国人民大学出版社2008年版。

60. 威廉·恩道尔:《石油战争》,知识产权出版社2008年版。

61. 贾康:"中国政策性金融陷发展迷局　需打造规范体系",《中国财经报》,2009年3月24日。

62. 贾康:"关于我国政策性金融体系的认识",财政部财政科学研究所《财政研究简报》,2008年第30期。

63. 贾康:"外国专家谈日本政策性金融的经验",财政部科研所《内报》,1994年第18期。

64. 财政部财政科学研究所课题组:"开发性金融的历史定位与发展之路",《财政研究》,2005年第10期。

65. 白钦先:"政策性金融与商业性金融:对称、平行与并列的两大金融族类",《海外投资与出口信贷》,2004年第1期。

66. 刘克崮:"关于我国政策性金融改革发展的思考",在中央党校进修部第39期省部A班学员论坛上的发言。

67. 张辉、李媛:"城投债:烫手的地方债务",《瞭望新闻周刊》,2009年7月28日。

68. 杨海霞:"正确认识'城投债'",《中国建设报》,2009年7月23日。

69. 邱全宁:"我国投融资体制改革的回顾及展望",《管理现代化》,1999年第1期。

70. 刘博雅:"关于完善我国农业政策性金融的思考",《经济研究导刊》,2007年第10期。

71. 蒙永亨、蒋蓉华:"欠发达地区经济发展的金融支持研究——国外的经验及对我国的启示",《改革与战略》,2006年第12期。

72. 刘大青:"我国农业政策性金融存在的问题及其对策",《安徽农业科学》,2006年第22期。

73. 陈希、尤杰:"中国农业政策性金融定位探讨",《江苏农村经济》,2005年第3期。

74. 王冰、刘振光:"我国农业政策性银行可持续发展研究",《经济纵横》,2007年第5期。

75. 王学人："政策性金融转型的国际经验及对我国的借鉴"，《求索》，2007 年第 5 期。

76. 白学海："关于推进农业政策性银行改革的若干思考"，《中国流通经济》，2007 年第 10 期。

77. 杨明飞："现阶段中国农业发展银行面临的问题及对策"，《哈尔滨商业大学学报》，2004 年第 3 期。

78. 王春年："浅谈深化农业发展银行改革"，《经济师》，2004 年第 5 期。

79. 黄玉书："新形势下中国农业发展银行改革的设想"，《内蒙古科技与及经济》，2005 年第 6 期。

80. 邓蓓、刘丹："农业发展银行改革思路探讨"，《华北金融》，2008 年第 12 期。

81. "黑龙江农信社乱象调查：曾损失资产 100 多亿元"，《中国经济周刊》，2007 年 9 月。

82. 历志钢："农信社改革：尴尬央票"，《财经》，2007 年第 16 期。

83. 朱登山、汪兴益、柏士珍、杨凯生："中国金融资产管理公司的运作与发展"，《经济日报》，2001 年 11 月 14 日。

84. 孟晓东、申希国："关于中国金融资产管理公司转型道路及发展前景"，国研网 2003 年 9 月 28 日。

85. 张燕、陈文夏："资产管理公司的国际经验比较及启示"，《上海金融》，2004 年第 6 期。

86. 丛安妮："关于资产管理公司不良资产处置若干问题的思考"，财政部财政科学研究所《研究报告》，2005 年第 48 期。

87. "李金华细数金融资产管理公司漏洞"，《上海证券报》，2005 年 6 月 29 日。

88. "向商业化转轨并非一厢情愿——访中国长城资产管理公司总裁汪兴益"，《金融时报》，2006 年 2 月 6 日。

89. 张娅、商思林："AMC 转型——走在规则边缘的中国不良资产处置市场"，《商务周刊》，2006 年第 9 期。

90. 于晓静："资产管理公司的转型路径"，《中国投资》，2006 年第 2 期。

91. 李龙、张绪国："澳大利亚和日本反洗钱工作的启示和借鉴"，《金融会计》，2002 年第 1 期。

92. 陈群："欧美反洗钱措施及其对我国金融界反洗钱工作的启示"，《金融纵横》，2002 年第 12 期。

93. 中国工商银行办公室："反洗钱：来自美国的经验"，《中国外汇管理》，2001 年第 9 期。

94. 朱宝明、彭思源："国外反洗钱制度发展对我国的启示"，《中国金融》，2003 年第 3 期。

95. 李德："国际反洗钱法律框架及制度"，《海南金融》，2003 年第 9 期。

96. 向宇："我国金融体系反洗钱中的冲突与政策选择"，《经济体制改革》，2004 年第 1 期。

97. 刘泽华："完善我国金融机构反洗钱制度研究"，《国际金融研究》，2003 年第 6 期。

98. 刘泽华："具有中国特色的反洗钱金融监管模式和原则研究"，《中央财经大学学报》，2003 年第 11 期。

99. 韦士歌："国库现金管理及与债务管理的协调配合"，《财政研究》，2003 年第 2 期。

100. 程丹峰、杨照南："中国国库现金管理与货币市场投资选择"，财政部科研所《研究报告》，2004 年第 19 期。

101. 马洪范："美英国库现金管理模式比较与差异析源"，《中国财经信息资料》，2003 年第 1 期。

102. 马洪范："论国库现金管理的内涵与本质"，财政部科研所《研究报告》，2005 年第 5 期。

103. 潘国俊："政府资金运动与货币供应量的关系研究"，《金融研究》，2004 年第 6 期。

104. 杜晓山："中国农村小额信贷的实践尝试"，《中国农村经济》，2004 年第 8 期。

105. 杜晓山："小额信贷的发展与普惠性金融体系框架"，《中国农村经济》，2006 年第 8 期。

106. 张亚维、王光伟："农村政策性金融的激励合约研究"，《求索》，2005 年第 7 期。

107. 石俊志："小额信贷发展模式的国际比较及其对我国的启示"，《国际金融研究》，2007 年第 10 期。

108. 吴金彪："农村弱势群体与普惠金融政策调研"，《金融研究》，

2007 年第 13 期。

109. 黄毅："小额信贷问题研究（上）"，《银行家》，2005 年第 12 期。

110. 王曙光："发展小额信贷需要良好的制度环境"，《新财经》，2006 年第 12 期。

111. 刘志戈、邢艳梅："农村金融服务弱化的不良影响及其矫正"，《农村金融》，2006 年第 6 期。

112. 王平："小额贷款公司的制度设计与成效评价"，《中国金融》，2007 年第 3 期。

113. 宋立根："地方政府城市建设投融资现状、问题及对策"，《地方财政研究》，2009 年第 2 期。

114. 倪红日："突破'事权与财权统一'"，《财经》，2006 年第 7 期。

115. 柯金川、蔡薇："我国市政债券的发行与流通机制分析"，《中国证券期货》，2012 年第 2 期。

116. 曹永福："美国经济周期微波化研究综述"，载于李向阳主编《世界经济前沿问题》，社会科学文献出版社 2007 年版。

117. 刘保军："美国总统奥巴马的新预算致力于兑现总统诺言"，财政部财政科学研究所《科研内报》，2009 年第 2 期。

118. 沈联涛："这场危机的本质"，《财经》，2008 年第 26 期。

119. 《国务院关于支持赣南等原中央苏区振兴发展的若干意见》国发［2012］21 号文。

120. 李华林：《金融支持赣南苏区振兴发展系列访谈——专访市人行行长钟敏》，赣州金融网金融会客厅第 12 期，2012 年 8 月 29 日。

121. 澳大利亚财务管理办公室：《财务管理办公室向财政部的报告》，澳大利亚财政部，2002 年。

122. DMO：UK Government Cash Management：The New Framework，4 December 1998。

123. DMO：Exchequer Cash Management：A DMO Handbook，February 2002。

124. FMS & Treasury of U. S：Cash Management Made Easy，April 2002。

125. Department of the Treasury of Canada：Proposed Revisions to the Rules Pertaining to Auctions of Receiver General Term Deposits，May 2000。

126. North，D. C.，Weingast，B. R. （1989），The Evolution of Institu-

tions Governing Public Choice in 17th Century England. Journal of Economic History, XLIX.

127. Wildavsky, A. (1964), The Politics of the Budgetary Process. Boston: Little, Brown and Company.

128. Commission on Organization of the Executive Branch of the Government. (1949). Budgeting and Accounting. Washington, DC, U. S. Government Printing Office.

129. William F. Willoughby: The Movement for Budgeting Reform in the States.

130. Mikesell, J. (1999), Fiscal Administration. New York: Hartcout Brace College.

131. 国家开发银行官方网站：http://www.cdb.com.cn/web/。

132. 中国进出口银行官方网站：http://www.eximbank.gov.cn/。

133. 中国农业发展银行官方网站：http://www.adbc.com.cn/index/index.asp。

134. 中国投资信用担保有限公司官方网站：http://www.zhongdan.com.cn/。

后　记

源于美国的“次贷风暴”，是距离今天最近的一次国际金融危机。在奥巴马的治理下，华尔街的问题变成了华盛顿的问题，财政赤字顶住了流动性崩溃，同时做到了扭曲利率趋近于零，变相给予实体经济财政补贴，促使企业存活及徐图发展。既要注入巨额流动性抗住通缩，又要控制实体经济不出现通胀，在这极高难度的宏观调控之中，财政与金融需要实现密切而高效的合作。可以说，无论是在发达国家，还是在发展中国家，金融政策的科学决策及实施，都离不开财政视角的研究和思考。

十五年前，我从山东考入财政部财政科学研究所攻读财政学硕士研究生。记得第一次见硕士生导师时，恩师即告诫我，财政学研究生一定要多学些金融知识。硕士毕业后，我留在财政部科研所金融研究室从事理论与政策研究。十多年来，我跑遍了大江南北，参与了80余项课题研究，涉猎了经济、政治、社会多个领域，金融始终是我努力完善的主线，渐渐积淀下几十万字文稿，几经删减、修改和完善，形成了这本财政视角下的金融研究成果。

“求木之长者，必固其根本；欲流之远者，必浚其泉源。”一部好的著作，必须植根于历史与现实之中。2004年国庆节期间，我正在山东休假，接到单位领导的电话，要求我在十天的时间写出一篇文章，总结自明末至1949年中国近代史上的金融政策。那十天，除了必要的吃饭、睡眠时间，我把所有精力投入到文献检索与历史反思之中。因为这篇文章，我受到了部长级领导的接见和赞扬。事后才知道，我的研究成果最终报送到国家领导人参阅。正是这项工作任务，启发我要善于运用历史的长镜头来观察与思考现实问题。

一本著作的形成，如同一个“生命”的诞生，经历了酝酿、萌生、发育，直到“瓜熟蒂落”。它的“茁壮成长”，要归功于领导、同事、好友的共同“浇灌”。感谢国家开发银行、长城资产管理公司、中国四十人论坛等机构委托的课题研究，丰富和深化了我对政策性金融的理解与认识；感谢财政部国库司、经建司、金融司等委托的工作任务，使我勾画出一幅清晰的政府债务金融架构；感谢财政部科研所各位领导的指导、金融室全体同仁的支持，健全和完善了我对金融政策的财政思索与研究。

2012 年 12 月 ~2013 年 12 月，我在江西省赣州市人民政府挂任市长助理，协助分管金融工作，这段工作经历为我提供了近距离认识金融工作的实践“沃土”。2014 年 4 月 23 日，江西理工大学和赣州市人民政府联合聘任我担任赣州市金融研究院院长一职，使我获得了融入地方金融发展改革的宝贵机会。展望未来，实现财政与金融的协调持续发展，仍然需要理论界与实践部门的持续关注与深入研究，希望我们能够通过不懈努力，不断获得更多的理论成果和工作实效。

马洪范

2014 年 6 月 5 日于新知大厦